中国铁路治理结构变迁与时代要求研究

刘宇 著

山东大学出版社
SHANDONG UNIVERSITY PRESS
·济南·

图书在版编目(CIP)数据

中国铁路治理结构变迁与时代要求研究 / 刘宇著.
济南 ：山东大学出版社，2024. 11. -- ISBN 978-7
-5607-8472-4

Ⅰ. F532.1

中国国家版本馆 CIP 数据核字第 20240N92Z0 号

责任编辑　邵淑君
封面设计　杜　婕

中国铁路治理结构变迁与时代要求研究

ZHONGGUO TIELU ZHILI JIEGOU BIANQIAN YU SHIDAI YAOQIU YANJIU

出版发行　山东大学出版社
社　　址　山东省济南市山大南路 20 号
邮政编码　250100
发行热线　(0531)88363008
经　　销　新华书店
印　　刷　济南乾丰云印刷科技有限公司
规　　格　720 毫米×1000 毫米　1/16
　　　　　13.25 印张　203 千字
版　　次　2024 年 11 月第 1 版
印　　次　2024 年 11 月第 1 次印刷
定　　价　59.00 元

本书得到中共山东省委党校(山东行政学院)公共治理创新研究院的大力支持,以及校(院)创新工程年度项目(2024CX066)的立项支持,特此致以谢意。

目　录

绪 论

党的二十大报告明确提出加快建设交通强国，对于“构建现代化综合交通运输体系，推动交通运输高质量发展”等重大时代课题作出系统谋划，为新时代中国铁路向纵深推进改革创新确定了奋斗目标，提供了根本遵循。党的二十届三中全会围绕“进一步全面深化改革　推进中国式现代化”的主题对党的二十大作出的战略部署进行了具体安排，其中专题部署了“深化综合交通运输体系改革”，具体涉及铁路行业体制机制、市场化改革、运营方式等重点领域和关键环节，推动改革的着力点和落脚点就在于全面提升铁路行业治理体系和治理能力现代化水平，这也是新时代新征程进一步全面深化改革目标在铁路行业的具体投射。深入研究铁路行业治理结构的演化变迁及其因应时代要求的优化调整，对于理解和把握中国铁路的改革、善治与发展的机理、逻辑与原则具有重要的理论研究价值和实践指导意义。

第一节　研究背景与意义

铁路作为国家战略性、先导性、关键性重大基础设施，既是国民经济的大动脉，是重大民生工程和综合交通运输体系的骨干，是服务国家发展战略的支柱产业，也是深度关系国计民生，人民群众出行高度依赖的重要交通运输方式。每一次涉及铁路的改革动议和举措制定，都是服务国家战略的产物，也都带有所处时代的鲜明烙印。对铁路行业的理论研究探索，不仅有服务党和国家事业发展需要的宏大叙事，更有与广大民众切身感受具体而微的紧密联系。

一、研究背景

铁路的演化和变迁始终与国家战略相伴相生，并深度嵌入国家发展和经济社会转型的历史进程中。2013 年 3 月，以推进政企分开为目标的铁路系统综合性改革正式开启，拉开了我国铁路行业全面深改的序幕。此次改革撤销了维持政企合一模式的组织实体——铁道部，将铁道部拟定铁路发展规划与政策的行政职能划入交通运输部；组建国家铁路局，负责技术标准的制定，监督铁路安全生产，并接受交通运输部的管理；成立中国铁路总公司，承担原铁道部的企业职能，负责铁路投资、建设、经营、管理等事务，并以推进全方位、深层次的政企分开为价值依归，以厘定政企权责、深化政企协作、把握铁路多元属性为立足点，意图构建市场化、体系化、专业化、制度化、法治化的铁路行业治理结构，在铁路行业内部进行一次全面、系统的体制改革。但铁路系统的改革绝非旦夕之间就能完成，注定是一场艰难的拉锯战和持久战，需要经历反复割裂和利益既得群体的抵制，改革的沉没效应和异质性、示范性特点也非常突出，需要一个更为漫长的政策消化期和效应显现期，这些都非其他行业所能相提并论，我们必须对此抱有充分的思想准备和行动定力，排除干扰，将铁路改革持续引向深入。

本书正是着眼于此，将分析铁路行业治理的研究置于政企关系转换的视域下，置于国家政策的强力推动、组织和功能形态的政企分开已然落地的情况下，以此作为研究背景，全面透视我国铁路行业发展的实然状态，分析问题表征和形成原因，探寻内在逻辑机理，立足问题导向，着眼党的中心任务和事业发展全局，对中国铁路以自身现代化助力中国式现代化，以自身高质量发展助推强国建设、民族复兴伟业的发展趋势作出展望和前瞻预测。

二、研究意义

（一）理论价值

考虑到铁路行业之于经济社会发展的重要意义，以及铁路系统治理主体复杂、属性多元、功能多重的显著特征，在2013年改革之前，伴随我国经济社会转型的总脉络，在由计划经济体制向市场经济体制转型过渡，再到建设有中国特色的社会主义市场经济的进程中，我国也曾进行多轮改革调整，但始终是在传统政企合一模式框架之内的小修小补，奉行的是稳定为先为重的行动策略，尽管也取得了一定的效果，但在政企关系未发生实质变化的情况下，注定只能是隔靴搔痒，难以触及问题本质。从既往的研究成果看，围绕铁路改革重组的研究相对较多，而涉及铁路行业治理的表述较少，专项、深入的研究则更是寥寥，在少量的研究中，也仅是将政企关系作为影响铁路行业发展的阻滞要素泛泛而论，缺乏论证的整体性和思维深度；从选取的理论工具看，大多是从制度经济学、产业组织学、产权交易、契约理论等理论视角出发，多数存在重效率轻公平、重眼前轻长远、重一隅轻全局的倾向，缺乏对公共管理视角的关注和投射、对铁路行业的审视分析，经济性和技术理性特点突出，公共性和公共价值不足，在理论支撑力度上有明显短板。

可以预见，我国铁路行业的改革在当前和未来的一段时期基本处于边行边试、边改革边总结的发展步调中，域外经验和微观改革案例可拓宽视野、丰富思路，但类似铁路民营化、完全市场化的改革动议显然不符合我国的国情、铁路的发展传统和行业特征，要特别谨防削足适履、盲目激进的改革尝试，防止因作出错误的改革判断而引发行业动荡和社会格局失序。因此，本书所恪守的一条重要研究原则就是承认铁路的国有化属性，坚持铁路整体国有、政府适度保障规制的基本前提，即便是在铁路的可竞争环节和可面向市场、引入多元主体的部分，政府的作用也是不可或缺、无法取代的，这也是保持铁路行业改革方向与性质不变的核心要求。

本书以政企关系的转换调整作为分析视域，在阐释铁路行业的属性、特征、结构要素、功能定位的基础上，从公共管理学的学科视野中，以治理理论、新公共管理理论、公共物品理论、政府规制理论、委托—代理理论等作为分析工具，在政企关系发生重大转换的关键期，探寻铁路行业治理结构的内在逻辑、权责适配和演化规律，解析铁路行业在推进深改中所面临的矛盾冲突，并基于政企关系调整的价值导向和铁路行业发展的现实需要，聚焦中国铁路实际，适应政企分开要求，对铁路行业进一步深化改革的动向和趋势进行洞悉与展望，为推动铁路行业治理结构的重构与完善提供基础和依据。全新的研究视角和理论适用，可在一定程度上弥补以往研究的不足，有利于深化对政企关系和铁路行业内在关系、耦合机制的总体性认识，为优化铁路行业治理结构提供充分的理论依据。

（二）实践意义

当前，我国正处于构建新发展格局，推动高质量发展，培育和发展新质生产力的关键期，特别是党的二十届三中全会对于进一步深化改革，推进中国式现代化作出全新的战略谋划和具体部署，铁路行业的基础性、先导性作用发挥愈发重要，每一次改革发展的动向都广受社会各方关注，都需要深度融入国家发展大局，主动适应人民日益增长的美好生活需要以及对于优化铁路出行方式和体验的迫切诉求。

既往铁路行业改革发展的相关研究，大多围绕铁路行业管理体制及运作模式进行单一探讨，缺少政企关系视域下的系统分析，特别是自 2013 年铁路政企分开改革启动后，在顶层设计的引领下，各项政策、措施密集出台，铁路行业进入改革调整的窗口期和活跃期。按照国家机构改革的"三定"原则，在铁道部被撤销、相关职能被有机整合到三个组织实体中的情况下，新成立的机构间责权利关系如何有效界定，全新的权力制衡机制、利益协调机制、协同配合机制如何建构，铁路行业治理中涉及的政府、企业、行业组织、社会、公众等多元主体的利益应当如何调适，相关方的力量怎样统合，铁路行业治理结构的职能专业化、政策规范化、产权多元化、运营市场化、治理制度化和规制法治化的发展格局如何形成等，这一系列问题有待在具体的改革实践中给予回应，形成务实管用的综合性一揽子行动方案。

当下，中国特色社会主义事业进入新时代，奋力实现第二个百年奋斗目标，全面建设社会主义现代化国家的新征程，外部环境和形势任务的重大变化，既给铁路行业的深化改革与推进善治提供了全新的机遇，也提出了异于往常的约束条件。我们需要在回溯铁路行业的变迁中，深刻洞悉中国铁路一路走来的运行逻辑，系统把握铁路行业发展的内在规律；基于对体制积弊、现实问题、发展隐患、潜存风险的透视分析，昭示在国家发展战略下中国铁路未来深改与创新的方向路径，加强总结提炼，力争形成可复制推广、迁移转化的典型经验与成熟模式，以发挥铁路行业自身的引领示范作用，为推进国家基础设施领域治理体系和治理能力现代化提供启发与助益。

第二节 国内外研究现状综述

长期以来，围绕政企关系、公司治理、治理结构等重大论题，国内外学者进行了相关研究，形成了一些典型性观点和代表性成果，为进一步深化研究奠定了基础，提供了借鉴。

一、"政企关系"的专题研究

在西方发达的市场经济国家，政府与企业的关系是随着市场经济的发展而逐步建立起来的，一方面，政府与企业都是市场经济的主体，都要按照市场经济的规律和规则来规范自身行为；另一方面，政府又是国家的政治机构，是整个社会经济的管理中心，企业是政府管理的主要对象，政府通过法治规范和经济政策来间接地管理企业，由此形成了政府与企业"分开"的关系模式。在西方的研究视域中，马克思针对资本主义制度的种种弊端，发现了无产阶级，并提出了根除现代社会危机的方案就是首先将私人财产与人剥离出来，这既是经济合理化的要求，也是道德优越性的要求。这种剥离就与现代企业存在的基本前提——"产权"的保障相违背，被剥离出来的财产最终将寻求它的总代理人——政府，它将决定资源的使用和分配，并维护社会的公平与正义，由此政府与企业的关系得到新的确认，它们之间形成了一种新型的委托—代理关系。①

诺斯从国家之于企业存在的两个目的角度提出了著名的"诺斯悖论"：一是国家界定形成产权结构的竞争与合作的基本规则，使统治者的租金最大化；二是降低交易费用以使社会产出最大化，增加国家税收，两者的目的存在明显不一致，甚至经常出现冲突。诺斯还进一步引申出制度在政企关系中的作用，他认为制度既是人们选择的结果，又限定了人们选择的范围。政企不分作为一种制度安排，会影响改革的效果。

戴维·奥斯本和特德·盖布勒在其代表作《改革政府：企业家精神如何改革着公营部门》中，将调整政府与市场的关系视作新公共管理理论的

① 参见孙关宏、胡雨春、陈周旺主编：《政府与企业：政治学视野中的中国政企关系改革》，江西人民出版社2002年版，第7页。

一条核心原则，对政府和企业的关系作出了全新界定："政府和企业都处于超级发达的时代，不仅政府不能全部包办所有职能，企业也不能。政府与企业需要探寻一种新的模式，这种模式倡导政府以组织市场的方式实现对企业的干预，这是一种企业化治理的方法。"[①]默里·L. 韦登鲍姆对政企关系的演化变迁进行了实证研究，通过对实验数据的归纳整合提出："当前几乎每个企业的每一个主要部门都有政府的身影，企业中的部门与政府中设立的部门遥相呼应，这些部门控制着或有力影响着企业的内部决策。"[②]彼得·埃文斯以"嵌入性自主"来描述国家与社会、市场之间形成的互动关系，强调国家必须与市场进行一定的连接，唯其如此才能扮演好主政者和助产者的角色，达到政府与企业间既密切联系，又相对独立的理想状态。[③]

任何一种政企关系的形成和发展都以本国国情和经济社会特定的发展阶段为基础。美国的比较政治学研究发现，有多少个国家，就可能有多少种政企关系调整的模式[④]，政企关系不存在"随手可得的手册""万灵药方"[⑤]，并没有可通用的模板。政企关系要对应各国不同的发展阶段，要体现政府与企业关系调整的进度，是在异常复杂情境下的一种理性化选择，不是仅使用一个笼统的"政企分开"概念就能够准确诠释的，而是要将政企关系的调整放到具体的发展模式中来，立足本国国情，符合政府与企业当前的发展阶段，以解决现实问题为目标和依据，逐步在改革的试错和探索

---

① [美]戴维·奥斯本、特德·盖布勒：《改革政府：企业家精神如何改革着公营部门》，上海市政协编译组、东方编译所编译，上海译文出版社1996年版，第21页。

② [美]默里·L. 韦登鲍姆：《全球市场中的企业与政府》，张兆安译，上海人民出版社、上海三联书店2002年版，第158页。

③ Peter Evans, *Embedded Autonomy: States and Industrial Transformation*, Princeton: Princeton University Press, 1995.

④ 参见[美]理查德·雷恩：《政府与企业：比较视角下的美国政治经济体制》，何俊志译，复旦大学出版社2007年版，第25—26页。

⑤ 夏小琳：《马克思从未提出"社会大工厂"模式：评吴敬琏社会主义模式论》，《管理学刊》2011年第5期。

中，摸索形成合适的政企关系适配模式。

最先提出市场经济游戏规则及政府定位观点的是古典经济学家亚当·斯密，在其代表作《国富论》中，他提出，市场机制是促进国民财富增长的最有制度选择的论断。基于"经济人"的假设，市场主体活动的唯一目的是追求个人利益最大化，而不考虑增进社会福利。亚当·斯密从市场这只"看不见的手"可以自发调节，实现资源最优配置和实行自由贸易的必要性等方面论述了政府对市场减少管制，充当好"守夜人"角色的必要意义，并对政府职能进行了限定，认为政府的主要职责是保护社会免受侵犯；设立公正的司法机关，保护个人免受压迫；提供必要的公共基础设施和公共服务，维护正常的经济秩序。① 随着资本主义市场经济的高速发展，生产过剩引致的经济危机和社会财富分配不均、两极分化严重的矛盾使自由放任的管理体制的缺陷暴露无遗，经历了 1929 年全球经济危机的打击和"经济圣经"神话的终结，政府干预主义理论逐渐受到重视。经济学家萨缪尔森指出："新的经济理论并不是随着全球经济危机的出现才成为必要的，早在经济社会发展的繁荣时期，旧理论就已经难以适应现实的需要而表现出缺陷性。"②随后，英国福利经济学家庇古在《福利经济学》一书中指出："仅仅依靠自由竞争不能导致生产资源的最优配置，政府干预经济的职能，主要是采取适当的经济政策来消除客观上存在的边际私人纯产值和边际社会纯产值的背离。"③给自由放任主义的经济理论画上休止符的是英国经济学家约翰·梅纳德·凯恩斯，他在《自由放任主义的终结》中说明"要通过政府对资本主义经济实行明智'管理'的必要性，对产品和服务的需求不足会导

① 参见[英]亚当·斯密：《国富论》，章莉译，译林出版社 2011 年版，第 179—180 页。

② 转引自欧阳功林：《政府与市场机制改革的矛盾及我国财政政策的思考》，《湖北经济学院学报》2009 年第 3 期。

③ [英]庇古：《福利经济学》，金镝译，华夏出版社 2017 年版，第 126 页。

致一国经济的衰退”[1]，为了实现更高水平的经济增长，应该以一种公共行动来刺激经济需求，方式就是让政府实施积极的政策干预，扩大政府支出，以促进就业，缓解困境，提振增长。凯恩斯的“国家干预论”为当时经济社会发展的困局提供了解决方案，按照他的设计，政府要主动承担职能，由消极无为的“守夜人”转变为积极行动的“仲裁员”“执法者”，直接参与并干预市场活动[2]，力求通过推行强力的国家干预来克服市场失灵，从而增加社会就业，促进经济增长。随后在“凯恩斯主义”的指导下，西方多国发起了一轮以国家全面干预为特征的国有化运动，但随着 20 世纪 70 年代在资本主义国家蔓延的经济滞胀和“政府失灵”，凯恩斯的学说被打下“神坛”，以限制政府干预为代表的新自由主义经济思想逐渐风靡，其中以科斯为代表的产权学派、以加尔布雷斯为代表的新制度学派、以布坎南为代表的公共选择学派等新自由主义思潮开始活跃起来，为政企关系的新一轮调整带来全新的理论视角。

在发展经济学的视域下，政府与市场关系经历了从“政府至上”到“市场至上”，再到“制度至上”的流变，二者从互斥到互补的关系变迁，深刻影响着各国的经济实践和社会演化。在经济全球化和信息技术革命的带动下，大量发展中国家开始完成从“计划经济的政企合一”到“市场经济的政企分开”的重大转变，我国经济体制转轨和政企关系的密集调整也恰好发生在此阶段，人们倾向于以价值中立的态度重新定位政府与企业的角色，探寻克服“政府失灵”与“市场失灵”的良策，将政府的宏观调控与市场的自由流动相结合视为理想模式，以实现政企关系的科学统合与有机分离。

我国学者对于政企关系问题的研究最早可追溯到新中国成立后的经

① John Maynard Keynes, *The General Theory of Employment, Interest, and Money*, New York: Harcourt, Brace and Company, 1936.

② 参见王东京:《市场经济中的政府“角色”定位》,《时事报告》2002 年第 5 期。

济恢复时期，传统的政企关系由此形成。那时的政企关系主要表现为国家与企业的关系，更多的是从国家关于发展经济的政策和对国民经济的管理中体现出来，这是我国政企关系的研究起点。

中华人民共和国成立后，为了加快工业化和现代化的发展进程，我国学习苏联经验，实施重工业优先的发展战略，建立起了由国家统一分配、定量供应、严密控制的计划经济体制，全社会所有的物质和人力资源都被纳入国家的全面控制和计划管控之中。政府以其强大的资源摄取能力，在与企业、市场的关系中占据了绝对的优势地位，全面进入企业的生产经营活动，政府的力量完全覆盖了企业的职能，这种政府全面介入、高强度管制的状态，几乎完全代替和掩盖了市场与社会的存在。[①] 而这也是计划经济体制下传统政企关系的典型特征，集中表现为企业和国家紧紧地捆绑在一起，企业几乎没有任何的独立性、自主权和自由发展空间。在此关系下，政府与企业间的运行模式表现为高度集中统一的计划管理，政府对企业实行以行政手段为主的直接管理方式，企业的经济地位和动力机制趋于行政化。袁志刚认为，“行政化了的企业机制服从于计划指令，成了计划经济管理体系中被驯服的工具”[②]，描绘出在与政府的博弈中，企业毫无自主权和自由度的景象。孙关宏等从企业管理权力的回收与下放的角度，指出涉及企业的权力主体始终游离于企业之外，仅在中央和政府之间游走，企业的组织规模完全不由自身决定，而是政府行政指令的产物，完全服务于行政命令的需要，企业显然不具备独立的自主权。[③] 1978 年后，中国政企关系的转换调整经历了两次大的浪潮，规模大、改革相对集中、持续时间长，且改革成果实现了完整积累和延续。政企关系调整的目的是置换传统计划

① 参见丁煌、李新阁：《基层政府管理中的执行困境及其治理》，《东岳论丛》2015 年第 10 期。

② 袁志刚：《均衡与非均衡：中国宏观经济与转轨经济问题探索》，北京师范大学出版社 2010 年版。

③ 参见孙关宏、胡雨春、陈周旺主编：《政府与企业：政治学视野中的中国政企关系改革》，江西人民出版社 2002 年版，第 185 页。

体制下政企高度合一的传统关系，适应经济社会发展的趋势，建立相适应的政企关系，最终达到政企分开。从1978年至1992年，这一阶段是第一次浪潮，主要特征是政府自上而下地放权，授予企业一定的自主权，是权力的简单位移。樊纲总结了这次浪潮所采用的保守、渐进和激励三种改革形式，“渐进改革是在保持社会稳定的条件下，积极地在整个经济中引入、培育和发展起来的新的市场经济成分”①。张军认为：“渐进主义的改革必然带来一个混合体制，使经济形成一个双轨并存的过渡体制。”②第二次浪潮开始于1992年，它以推进公司股份制改革为核心，通过政府与企业两种平等主体的权力谈判来实现政企间的良性互动。③

近些年，关于政企分开的模式、手段、产生效应和发展趋势的研究，学界进行了持续关注。雷咸成将政企分开要达成的效果分为五个面向：一是实现政企各司其职、各负其责；二是不能把“政企分开”简单等同于政企的职责分开，要合理界分政府和企业在各自领域的功能，各归其位；三是政企分开是适应市场经济条件下界定政企关系的一种表述；四是政企分开的内涵应是历史的、动态的，随着时间、空间和经济社会发展状况的变迁而变化；五是政企分开只能在现代企业制度的框架内实现所有权与经营权的适当分开。④ 就政企关系调整的限度，肖金明从政府与市场分工不同、市场失灵需要政府补位的角度，认为市场化的经济仍需要一个适度的政府。⑤ 就政企分开的表现形式，张莹、刘美平提出政企分开应该是相对分开和绝对分开的统一体，对政企分开的理解应从政企的定位分开、权责分开、身份分

① 樊纲：《渐进改革的政治经济学分析》，上海远东出版社1996年版，第24页。

② 张军：《“双轨制”经济学：中国的经济改革（1978—1992）》，上海三联书店1997年版，第88页。

③ 参见孙关宏、胡雨春、陈周旺主编：《政府与企业：政治学视野中的中国政企关系改革》，江西人民出版社2002年版，第199页。

④ 参见雷咸成：《实现政企分开的对策探讨》，《理论学刊》1996年第3期。

⑤ 参见肖金明：《社会管理创新：意义、特征与重心所在》，《山东大学学报》（哲学社会科学版）2012年第4期。

开这三个面向来整体解构。[①]

二、"铁路行业治理"与"铁路行业改革发展"的聚焦研究

目前关于该方面的研究呈现出高质量成果少，对实践指导效力不足的特征。在中国知网上以"铁路行业治理"作为关键词进行文献检索，截至2024年7月共有25篇，其中涉及"铁路行业"的有11篇，"政企分开"的有5篇，"治理结构"的有3篇；以"铁路改革发展"为关键词检索文献，共有1092篇，分年度看，自21世纪初该方面研究开始受到关注，其间2008年、2013年、2017年成为研究热点年份，每年有近50篇文章发表。从发表层次看，作为国家级基金成果的论文有9篇（国家自然科学基金6篇，国家社会科学基金3篇）；从论证内容看，现有文章基于公共管理视角透视铁路行业的论文数量偏少，少数几篇研究成果也多是针对现存问题和原因进行了原则性描述和简要阐述，论证力度和分析程度与日新月异的铁路改革实践尚有较大距离；从研究内容的细分看，目前的研究碎片化、零散化现象较突出，理论性和体系性偏弱，普遍缺乏从政企关系重构的角度，着眼铁路深改面临的时代新要求、新挑战，基于铁路行业改革善治的实际需要，提出因应对策和实践路径的关联研究，在此方面的知识生产、理论供给尚无法强有力地指导与保障快速发展的实践需要，理论对实践的指导作用较弱，这是既有研究的不足与缺憾，也是本书重点论证阐释并希冀有所创新突破之处。

针对我国铁路行业的改革发展，国内学界聚焦铁路管理体制改革、行业重组、投融资体制改革、公司制改革等方面进行了研究。围绕铁路内部政企关系的权责厘定，荣朝和认为，铁路改革之所以面临巨大的阻力和难度，原因在于，一方面铁路的国有属性使得政府的相关职能不能缺位，另一

① 参见张莹、刘美平：《政企关系走势的深层反思和重新定位》，《哈尔滨学院学报》2001年第6期。

方面，铁路企业内在有追求市场利润的动机，在受到政府严格管制、地位尚不健全的情况下，厘清政企关系需要从建设独立的铁路运输企业入手。在优化铁路管理体制，重组铁路组织结构方面，赵坚提出了一种“模块化重组”的调整模式，基于对交易成本的综合比较，他认为横向整合各地铁路局，成立区域公司的重组模式，能够比纵向的网运分离方案有更低的交易成本。李津京从多元主体关系协调的角度，主张均衡的铁路治理结构应是建立起政府、管制机构、铁路企业和其他利益主体良性互动、权力平衡的治理框架。[①] 张梦龙基于对铁路运输产能和组织结构公共性的分析，主张从界定铁路行业多元属性边界入手，适度进行必要的“公商分离”改革。[②] 孙敏借助利益相关者理论工具，认为铁路运输企业治理结构的完善有赖于外部监管机制的健全，这意味着政府仍然要有效履行对铁路行业的各方面监管和规制职责，需适应铁路部分环节市场化的需要，合理调整规制方式和限度。[③] 汤浒等详细介绍了美国、日本的铁路改革模式，建议我国铁路走“区域公司”的改革之路，认为这种模式可有效调和路网公司与运输公司间以及不同代理人目标函数不一致的冲突，维护铁路企业的整体利益。[④] 这些论断和观点深化了对铁路改革的讨论，为推进铁路行业的深改与善治提供了有益启发和改革模式参考。

三、“治理”与“治理结构”的相关研究

“治理”源于动词“统治”，从词源学上看，它所对应的英文词源是governance，来源于拉丁语 gubernare，释义为“掌舵、指导、统治”。自 20 世

① 参见荣朝和等编著：《探究铁路经济问题(第二辑)》，经济科学出版社 2009 年版，第 35—36 页。

② 参见张梦龙：《论铁路改革中的结构性问题》，经济科学出版社 2014 年版。

③ 参见孙敏：《中国铁路重组利益相关者利益需求及协调研究》，北京交通大学博士学位论文，2010 年。

④ 参见汤浒、赵坚：《考虑组织结构的委托—代理模型研究：以中国铁路运输业为例》，《中国工业经济》2015 年第 4 期。

纪80年代以来，伴随公共事务参与主体的多元化和利益分化，“治理”这一古老的概念被赋予更多的时代内涵，在国家、社会、城市、企业等多个主体研究领域得到广泛应用，已成为政治学、公共管理学、企业管理学等学科的热门语词，并逐步发展成为服务多学科交叉研究的常用理论工具。尤其是自20世纪末开始，“治理”一词日益强调公共行政与管理在非政府方面的特性，即权力应该由不同的机构根据它们在公共服务中所起的相对作用来分享。[①] 这也是治理区别于传统管理的最明显、最显著的标识。

梳理相关研究可发现，西方学者对治理的研究呈现多个面向，比较有代表性的观点多见于以下方面。詹姆斯·N. 罗西瑙在其代表作《没有政府的治理》中认为，治理是一系列活动领域里或隐或显的规则，它们更依赖于主体间重要性的程度，而不仅是正式颁布的宪法和宪章，他进一步对政府和治理的运行机制进行解读，认为政府和治理都是有目的的行为、目标导向的活动或者规则系统，但政府提议的活动是以正式权威做后盾，而治理是以共同目标为保障的，这种共同目标可能源于法律和正式规定的责任。[②] 治理指的是一种改变了的有序统治状态，一种新的管理社会的方式。[③] 新公共行政的代表人物弗雷德里克森认为，治理应包含主体多元化、权力分立与权威多元、多元管理环境与管理专家，以及合法性等四层含义。[④] 在对“治理”概念的释读和层次划分上，引用最广泛的当属贝维尔、罗兹列出的“七种定义”：(1)治理是公司的治理；(2)治理是新公共管理；(3)治理是“善治”；(4)治理是社会控制系统；(5)治理是国际上的相互依

---

① 参见李泉：《治理理论的谱系与转型中国》，《复旦学报》(社会科学版)2012年第6期。

② 参见[美]詹姆斯·N. 罗西瑙：《没有政府的治理》，张胜军、刘小林等译，江西人民出版社2001年版，第5页。

③ R. A. W. Rhodes, "New Governance: Governing without Government", *Political Studies*, vol.44, no.4(1996), pp.652-667.

④ George Frederickson, *The Spirit of Public Administration*, San Francisco: Jossey-Bass Publishers, 1997, p.84.

存;(6)治理是新政治经济;(7)治理是自组织的网络。

20 世纪 90 年代中期,治理理论被引进中国,当时中国政府正在经历一场深刻的制度变革,这一新的理论范式随即在社会转型发展中获得了充分的适用空间。1995 年发表于《公共论丛》的《市场逻辑与国家观念》上署名知贤的论文被认为是国内最早介绍治理的学术论文,文中提出关于治理公共事务的道理、方法和逻辑,旨在提高发展中国家管理公共事务和促进经济发展的能力。① 2000 年,俞可平主编的《治理与善治》的论文集出版,成为我国治理研究的代表作,治理随即受到学界广泛关注,开始成为国内学术界的"显学"。在倡导支持的正面声音中,也有一些对治理适应性、适用性的怀疑,比如,郁建兴、王诗宗运用"策略性—关系性"分析路径,指出治理理论的应用必须充分考虑到中国处于转型期的特征,不能因流行概念而削足适履,切割事实,必须注意到治理理论适用要满足的条件。② 臧志军等从治理需满足的适用前提角度提出,治理在中国的应用离不开两个前提,一是成熟的多元管理主体的存在以及它们之间的伙伴关系,二是民主、协作和妥协的精神。③ 陈振明把治理的实现路径归纳为三种方式,即政府管理、公民社会(第三部门)和合作网络。④ 在探讨治理理论在中国问题的具体应用上,我国学界形成了对"治道变革"的系统研究。燕继荣认为"治理理论"的出现可弥补仅以民主衡量中国政治发展状况的缺失,在"治理"的概念下,"治民""治政""治党"可以用来说明一种日渐清晰的中国政治发展战略思路。⑤ 郁建兴认为,基于治理失败的风险和元治理的必要性,需要在

① 参见刘军宁主编:《市场逻辑与国家观念》,生活·读书·新知三联书店 1995 年版。

② 参见郁建兴、王诗宗:《治理理论的中国适用性》,《哲学研究》2010 年第 11 期。

③ 参见臧志军等:《反思与超越:解读中国语境下的治理理论》,《理论文萃》2003 年第 4 期。

④ 参见陈振明编:《公共管理学:一种不同于传统行政的研究途径》,中国人民大学出版社 2003 年版,第 88 页。

⑤ 参见燕继荣:《治民、治政、治党:中国政治发展战略解析》,《北京行政学院学报》2006 年第 1 期;肖金明:《构建善治型政府》,《理论参考》2014 年第 2 期。

治理与国家建构之间保持一种必要的张力，而法治是它们实现均衡与良性互动的制度基础。[①] 我国学者基于不同视角对治理的研究，迅速消除了治理在中国适用的水土不服，使其对于打造更加公平、负责、高效的公共组织的工具理性和价值功能得以充分发挥。

公共治理的理念要转换为适用性较强的技术，需要借鉴现代公司治理结构理论。治理和治理理论应用的一个重要领域就是公司治理，并产生了服务公司治理战略需要的公司治理结构。公司治理和治理结构的问题并非产生于企业诞生之日，而是产生于股份公司存在所有权与控制权相分离、企业规模迅速扩大的时期。[②] 公司治理的中心问题就是如何确保并增进投资者的利益。[③] 学者基于公司的内外部管理机制指出公司治理对内外部机制的有机整合，其目标是确保那些追逐个人利益的公司控制者所作出的决策以公司所有者的利益最大化为原则。[④] 以上对公司治理的解读，有的关注组成部分，有的关注内在运作机理，有的关注达成目标，基本完整还原了西方公司治理的演化脉络。公司治理解决的问题多是由管制失灵引起的，其关注点大多聚焦于董事的责任，包括如何确保管理行为符合股东的利益，以及如何建立责任机制。有关公司治理结构的研究，国际经济合作与发展组织（OECD）在 1991 年给出的定义最具典型性：公司治理结构本质上就是公司各个参与者的权利和责任的分配，以及为协调公司事务所制定的一套规则和程序。[⑤] 在现代企业制度涉及的公司治理关系中，处于核

---

① 参见郁建兴：《治理与国家建构的张力》，《马克思主义与现实》2008 年第 1 期。

② Adolf Berle and Gardiner Means, *The Modern Corporation and Private Property*, London: The Macmillan Company, 1932.

③ Andrei Shleifer and Robert W. Vishny, "A Survey of Corporate Governance", *The Journal of Finance*, vol.52, no.2(1997), pp.737-783.

④ Diane K. Denis and John J. McConnell, "International Corporate Governance", *Journal of Financial and Quantitative Analysis*, vol.38, no.1(2003), pp.1-36.

⑤ 参见张良：《突破治理瓶颈：国有企业公司治理结构活性研究》，天津人民出版社 2003 年版，第 171 页。

心地位的是所有者及其代表机构、经理层、监事机构之间的关系，建立规范的治理结构的目的就在于明晰各类关系，平衡各种利益诉求[①]，有效防止被内部人控制。

20 世纪 90 年代，随着党的十四大提出建设社会主义市场经济，中国逐步开始进行由计划经济向市场经济的体制转轨，公司化改造和建设现代企业制度的顶层设计纷纷出台，公司治理随即被引入。经过几十年的本土化应用，公司治理已成为规范公司组织结构，厘定股东、董事会、经理层之间责权利关系，实现有效权力制衡，提升资源利用效率等最常使用的理论工具之一，在深化国企改革、完善中国特色社会主义现代企业制度中发挥了举足轻重的作用。以钱颖一、吴敬琏、林毅夫、杨瑞龙等为代表的一众经济学家关注公司治理的应用和成果产出，认为公司治理的核心要义在于对所有者、董事会和公司高管之间的责权利关系确立明确的划分机制，并形成有效的权力制衡机制；公司治理结构是借助一定的治理手段，合理分配控制权和剩余索取权，形成科学的自我约束和相互制约机制，从而实现协调各相关利益方的权益和长期合作，保证企业决策效率的一种契约制度。[②]

四、"政企关系"与"铁路行业改革发展"的关联性研究

这大多集中于 2010 年以来关注铁路行业改革发展的相关研究中，多数是将政企不分视作铁路行业改革发展的机制障碍来进行研究，尚未从政企关系的视角探究铁路行业治理困境及相关问题表征的本质、成因和内在机理。在目前公开发表的文献当中有一定实践指导意义的观点如下。

刘世锦着眼于中国铁路改革与重组的目标和任务，认为中国的铁路改革首先要从创造企业起步，这就意味着推行政企分开、政资分开，理顺政府

① 参见曾峻：《公共管理新论：体系、价值与工具》，人民出版社 2006 年版，第 234 页。

② 参见杨瑞龙、魏梦：《公司的利益相关者与公司股利政策》，《上海经济研究》2000 年第 4 期。

和企业间的关系成为当务之急。① 吴强主张推进铁路政企分开要重点解决铁路历史债务的承继、铁路建设投资的走向、市场化经营与公益性运输的协调、铁路运价改革等几个基本问题。② 司维认为政企不分是造成我国铁路运力不足、服务质量和社会效益差、市场化融资难的罪魁祸首,停留在旧体制下的铁路改革只能是小打小闹,只有实行政企分开,铁路改革才能迎来实质性进展。③ 周新军为中国铁路改革设定了两个层次的发展目标,首先通过改革实现政企分开,在此基础上,明确铁路内部利益主体间的关系,建立与市场经济相适应的运输服务体制。④ 廖汉鲁指出,铁路改革能否顺利推进和如期达成改革目标,关键看是否能实现政企分开,真正意义上的政企分开,应是政府在应该作为的地方出现,为铁路企业成长为独立的市场主体提供支持。⑤ 总体而言,该方面的研究碎片化特点较为突出,体系性不强,理论与实践在一定程度上有"两张皮"的脱节情况,理论供给不能有效满足铁路行业高质量发展的现实需要,在推动中国铁路行业治理结构优化完善方面的指导力度与适用性不足,反映出已有研究的局限和短板,也是下一步研究需要着力突破的重点。

第三节　研究方法

本书综合运用治理理论、利益相关者理论、委托—代理理论等理论分析工具,采取公共管理学、政治学、管理学、法学、产业组织学等多学科交叉研究的视角进行研究,主要采用以下方法。

---

① 参见刘世锦:《中国铁路改革与重组模式:第三种选择》,《中国工业经济》2003 年第 3 期。
② 参见吴强:《关于铁路实行政企分开的几个重大问题》,《中国铁路》2013 年第 5 期。
③ 参见司维:《中国铁路改革前景探讨》,《现代商贸工业》2009 年第 8 期。
④ 参见周新军:《中国铁路改革顶层设计构想》,《中国发展观察》2012 年第 5 期。
⑤ 参见廖汉鲁:《论我国铁路企业的公司化改造》,《江西社会科学》2001 年第 12 期。

一、文献分析法

全面查阅、梳理、归纳相关文献资料，对国内外已有研究现状进行文献综述与述评，以此把握该领域的研究进展和最新前沿动态，找到研究的切入点和突破口，进一步明晰研究的重点和方向。

二、规范分析法

规范分析偏重于价值判断和逻辑推理，更多地使用定性分析和演绎的方法，它所关注的是“应当是什么”或“应该怎样”的问题。运用规范分析法，在政企关系转换的视域下，科学把握中国铁路行业治理的历史与现实逻辑，明确中国铁路深化改革与追求善治的应然状态，创设全新的价值前提，作出适应国情需要、体现中国特色、符合铁路行业规律的价值判断和改革选择。

三、实证研究法

实证研究强调以可观察到的事物为依据，通过综合运用调查、问卷、访谈等方式搜集数据并建立模型，形成对核心论题“是什么”“为什么”“怎么办”的深入思考。重点对铁路行业的相关数据进行提取和分析，借助田野观察、访谈交流、问卷调查等方法，深化对论证主题的理解认识，进而全面把握铁路行业的技术特征、发展状态和演进趋势，准确界定铁路行业的问题表现，分析产生原因、运行机理，进行趋势展望；通过阐明铁路行业治理的应然设想与实然情形的矛盾冲突，还原当下和未来中国铁路行业高质量发展面临的时代要求及挑战，为推动形塑和优化铁路行业治理结构提供必要的支持和保障。

第一章 | 概念、理论工具及其适用

概念和理论工具在分析铁路行业中扮演着至关重要的角色，理解相关基本概念，是进入铁路行业这一复杂“巨系统”的必要前提；了解并运用与之相关的理论工具，可为把握铁路的行业复杂性、要素关联性、相互耦合性等特征提供分析框架与适用方法，找到打开“认知黑箱”的金钥匙。

第一节 基本概念

基本概念是探析和透视某一方面内涵特征、包含要素、规范对象等主体内容的核心表达。本书研究分析的主题是“铁路行业治理结构”，对于何谓铁路行业、治理结构及其所形成的一体化概念，需要形成贯通式理解与整体性把握。

一、铁路行业

铁路行业是使用机车牵引车辆在铁路上行驶，用以载运旅客和货物，实现人、物空间位移的一种运输方式。铁路运输是在长距离的连续空间带上进行的，线路和车站是主要组成要素，其中线路是列车运行最重要的基础设施，它是由轨道、路基、桥梁和隧道等建筑物组成的一个整体工程结构。[①] 铁路行业本身是集合多元业态、多种属性和多重主体的交通运输综合体，包含车辆、轨道、调度控制、通信信号、监控预警设备及相关的管理体制和从业人员。铁路规模庞大、组织精密以及大联动性突出的特点，决定了该行业是一个各环节默契协作、各部门协同配合的巨型化系统工程。

（一）何谓"铁路行业"

铁路是轨道、路网、车站、运输设备、调度指挥系统以及其他辅助设施所构成的复杂系统。铁路作为国家经济社会发展的风向标和晴雨表，是国家重要公共基础设施、公用事业和重大民生工程，在综合交通运输体系中居于枢纽骨干位置，是社会和民众高度依赖的交通方式之一。

铁路行业具有基础设施投资规模大、资产的专用性强、进退壁垒高、日常运营成本相对较低的技术经济特征，路网和客货运输的调度指挥等环节有较明显的自然垄断性。从经济学视角看，铁路行业固定成本比重大、沉淀成本高、能力不可分性和规模经济显著，这些都是自然垄断行业的典型表征。从技术角度看，铁路是为了实现人或物的空间转移，使用机车牵引车辆的一种运输方式，铁路生产运输过程要在连续的路网基础设施上完成，车站和路网是铁路行业开展生产活动的基础。作为典型的网络型基础产业，铁路行业的公共性、公益性和社会性非常突出，体现在其所提供的运输产品要主动服务国家战略，履行政府交付的相关社会职能，并维持由国家管制的票价政策，这使得铁路所提供的运输产品具备了较强的准公共属性。

根据功能定位、服务类型、管理特点、组织结构等，可将铁路行业划分为"网"和"运"两大范畴。"网"对应的是铁路路网、调度指挥系统、车站站

① 参见肖兴志：《中国铁路产业规制：理论与政策》，经济科学出版社 2004 年版，第 35 页。

房等有典型自然垄断特征的基础设施,“运”指的是铁路客货运输业务,其中铁路运输企业、专门性运营公司是负责运输生产的组织单位。按照“上下分离”的划分标准,铁路行业又可被分解为“上”和“下”两部分。上部专指运营部门,包括与之相关的客货运业务,以及机车、车辆等配套硬件;下部主要指服务铁路生产运营的各类基础设施,包括线路、桥梁、涵洞、站场、通信信号和调度指挥系统等。在这种划分模式下,铁路企业的外延更广,有的还包括“网运分离”改革后形成的运营公司、路网公司,以及为铁路运输服务提供保障的专门性辅助性公司,如移动设备租赁公司、基础设施维修公司等。

(二)铁路行业的属性与特征

1.自然垄断性

铁路行业和电信、电力、自来水、煤气供应等基础设施产业被公认为自然垄断产业,经济学家对自然垄断的经济特征具有不同的认识。沃特森认为,一个产业不仅可以通过技术基础的改变,也可以通过需求改变而成为自然垄断产业,或从自然垄断状况中脱离出来。[①] 关于自然垄断与规模报酬递增的联系,萨缪尔森提出,自然垄断是指在某个行业中,随着生产规模的扩大,产品的平均成本会显著下降。因此,由单一厂商经营该行业,通常能够比多个厂商竞争时更高效地提供全部产出。[②] 鲍莫尔认为,如果一个产业成本函数在相关的产出范围内存在弱增性,那么该行业就是自然垄断行业。夏基和鲍莫尔则将成本弱增性的概念引入自然垄断行业,丰富了对

---

① Michael Waterson, “Recent Developments in The Theory of Natural Monopoly”, *Journal of Economic Surveys*, vol.1(1987), pp.59-80.

② [美]保罗·萨缪尔森:《经济学》,高鸿业、范家骧译,华夏出版社 1999 年版。

该行业的界定。[1] 克拉克森从规模经济的角度，指出自然垄断的基本特征是生产函数一般呈规模报酬递增状态，即生产规模越大，单位产品的成本就越小。但这并不意味着自然垄断行业不存在竞争，不可进入，最早对自然垄断进入壁垒理论提出挑战的是斯蒂格勒，最大的壁垒不是传统意义上的因素，如规模经济和产品差别化，而是政府的进入限制。[2] 鲍莫尔等人进一步发展了斯蒂格勒的思想，在 1982 年提出了可竞争市场理论，只要保证市场进入的完全自由，在一般认为缺少竞争活力的寡头或垄断市场同样可以实现良好的生产效率和技术效率。[3] 铁路行业的自然垄断性主要体现在路网、调度指挥系统、通信系统等基础设施的建设方面。从社会价值函数的角度看，这些环节在一定传输水平内满足边际价值大于平均价值，即总价值或总效用随着节点的增加而增加，呈现出严格的"效用优加性"，表现为固定成本比重大、沉淀成本高、资产专用性强、规模经济效益突出。规模经济特性又容易产生自然垄断性，特别是受制于生产技术和管理水平，基础设施管理与线上经营运输难以有效分离，增加了行业进退的难度，会由此产生新的壁垒，加剧行业垄断。这些特性在铁路行业均有非常明显的体现，也是中国铁路行业长期维持严格的政府管制和国家管理格局的主因。

铁路行业中的路网部分被普遍认为属于自然垄断性业务，这些业务领域需要大量的固定资产投资，其中相当部分是沉淀成本，两家或两家以上的企业进行重复投资，会造成网络系统利用效率低下，带来资源的闲置和浪费，也不符合自然垄断行业成本弱增性的要求。自然垄断是具有边界概

---

① William W. Sharkey, *The Theory of Natural Monopoly*, Cambridge: Cambridge University Press, 1982, pp.4-5; W. J. Baumol, "On the Proper Cost Tests for Natural Monopoly in a Multiproduct Industry", *The American Economic Review*, vol.67, no.5(1977), pp.809-822.

② 参见潘振峰、荣朝和:《从英国铁路引入竞争的尝试看铁路改革与重组》,《铁道学报》2004 年第 3 期。

③ 参见田旭:《流通产业政府管制研究》,经济科学出版社 2007 年版,第 102 页。

念的，且边界是动态的，并不是行业的一部分具有自然垄断性则全行业都是自然垄断业务。就铁路行业而言，路网建设和调度指挥系统具备典型的自然垄断性，但客货运输、多元经营等相关环节完全可以向市场开放，引入多元竞争主体。域外和中国铁路改革的实践都证明，这种划分模式是切实可行的，这也是铁路行业能够实行“网运分离”“上下分离”改革重组模式的一个重要理论基础。另外，中国铁路的自然垄断属性是与行业特点相适应的，铁路的行政垄断要依靠路网所有权和网上运营权的黏合与加总，只有当路网建设和网上运营实现紧密结合时，中国铁路才有完备的自然垄断属性①，因此铁路行业的自然垄断是有条件、有边界的。

2.网络经济性

铁路运输业的特性集中体现在它是拥有空间分布的实体，要依托铁轨、路网等有形的网络基础设施完成客货投送的运输服务。这种网络型产业通常具有投资规模大、资产专用性强、固定成本和沉淀资本高等技术经济特性。与公路、航空、电力、电信等网络型行业相比，铁路行业的网络重叠性不足，但网络外部效应更加明显，保持铁路路网畅通所需要满足的各种约束性条件更加复杂，“网”“运”的关系也更为密切。铁路行业的网络性还体现在它有很强的正外部性和公益性，具有产生社会价值的溢出效应。基于这一点，世界上多数国家针对网络型产业，大都采取了国家垄断经营、政府严格管制的模式，但事实证明，国家垄断经营并不有助于行业发展，相反还会带来目标冲突、企业财务预算软化、经营者责权不清、信息不对称等问题，缺乏有效的激励与约束机制，增大了国家的负担。

3.公共物品性

铁路在国民经济中处于基础性地位，对于跨越大经济区域的路网干

① 参见王廷琛：《论我国铁路行业的“双重垄断”属性与政府监管改革》，《经济视角》2014 年第 5 期。

线、促进民族团结的铁路,公共物品的属性非常明显。铁路路网基础设施作为铁路运营设施的“共同生产条件”,也是为各铁路运输企业的客货流所共用的。铁路路网基础设施,全路统一编号、统一调配使用的货车车辆,以及为不同列车提供动力牵引的机车,都具有更加明显的共用性、非独占性和不可分割性,这些特征决定了铁路行业具有很明显的公共物品性。

(1)非竞争性和排他性。铁路行业的非竞争性体现在:一趟旅客列车在达到座位满员这一临界点之前,增加一个旅客并不直接增加单位运输成本,边际成本为零,这在铁路路网、车站等基础设施以及运量远未饱和的中西部地区、偏远落后地区铁路、铁路支线和上座率较低的旅客列车上,表现出较强的非竞争性。当然,对于一般意义上的铁路客货运业务,其通常具有类似私人物品那样的竞争特点,但着眼铁路行业整体,非竞争性涉及的领域较多,占比较大。铁路行业的排他性集中在三个方面:一是价格上排他,铁路是可收费行业,消费者享用铁路设施所提供的服务必须付费;二是技术上排他,铁路的路轨、站房、调度指挥系统等固有设施由铁路运营独属,在物理特性上具有资产专用性的特点,即使设备处于闲置状态,其他交通工具也不能使用它;三是财产使用权上排他,即科斯所倡导的对物品产权的界定,有行业专属的利益和财务边界。

(2)共用性。一是直接面向旅客、货主等消费者共同消费的共用品,主要体现在客货列车、车厢、火车站、候车室等必备的硬件基础设施;二是不直接面向最终消费者,而仅作为运输生产中介环节的共用品,如客运枢纽站、与铁路营运相关的售票、调度指挥、财务清算系统、机车检修基地等环节。铁路行业的共用品和共用经济现象能够为社会带来福利,这也是铁路具备公益性,承担社会职能的一个动因。

(3)拥挤性。交通运输业是一个拥挤性特点非常明显的行业,即当消费者的数目增加到某一个值,突破临界点后,就会出现边际成本为正的情况。这在铁路行业中有充分表现，例如每列旅客列车都有额定载客人数，在未达到载客人数前，每增加一名旅客，并不会对其他旅客产生影响，也不会改变边际成本，但当旅客超过额定人数形成超员后，就会产生非常明显的拥挤效应，这种拥挤性在每年的春运、暑运和“小长假”运输，特别是部分热门线路的列车上表现为大面积超员。事实上，这种拥挤性取决于人们存在运输产品的需求和需求偏好。从长期看，交通运输工具的运载能力是有伸缩、有弹性的，但在特定时期，这种弹性又非常有限，在运载总量额定的情况下，超过临界点就会产生超载。当然，人们通常能接受一定程度的拥挤，但厌恶过度拥挤，这就存在一个拥挤成本和最佳拥挤程度的界定问题，而在铁路客货运输中，还牵扯运能和运力在旺季与淡季的协调和分配的问题。

(4)资产专用性。资产专用性最早作为交易成本经济学中的概念出现，最初的定义是为支持某项特殊交易而进行的耐久性投资，后又被引申为资源在用于特定用途后很难再挪作他用的性质，符合这种特征的资产就被称为“专用性资产”。铁路行业的资产专用性体现在五个方面：一是场地专用性，如铁路的站场、线路、桥梁、涵洞、隧道、路基、钢轨、道岔、轨枕等资产，一经投入使用，在地理位置上就不能轻易挪动，这也是前后相邻的两段铁路普遍实行纵向一体化的主要理论依据；二是物资专用性，如铁路的路轨、机车、车辆、养护机械等设备，具有专职适用、专门服务的特点；三是人力资产专用性，如铁路部门常根据车务、机务、工务、电务、车辆等专业工种对应设置岗位，要求员工具有特殊知识和技能，各岗位专业性强，人员间自由更替弱；四是特定契约服务资产专用性，如铁路运输企业常要根据货主的需要，增加对危险品、冷藏运输等特种货物运输的设备和管理投资，投资针对的主体是单一明确的，专用设备很难转作他用；五是品牌资产专用性，如铁路路徽、商标、保价运输等服务质量的特定承诺。铁路行业在基础传输网络上的实体完整性和巨大的一次性投资数额、很长的使用年限和折旧时间[①],客观上增加了外部资本进入和退出铁路行业的壁垒。

(5)公益性。公益性是公共物品及其外部性在铁路行业的集中反映,涉及某种程度的非竞争性、局部的费用畸形和非排他性,生产和消费环节的不可分割性和共用性,以及普遍服务和利益溢出性等特性。作为大众化的交通工具,铁路的公共物品特性体现在公益性线路和所提供的普遍服务上。铁路作为国家大型公共基础设施,具有很强的正外部性,这是铁路长期大量承担国家发包的公共服务和公益性运输任务的主要原因。在我国铁路运输的项目中,具有明显公益性运输特征的包括抢险救灾的物资运输、支农物资运输、军事运输、伤残军人和学生的运输;山区和贫困地区的旅客运输;支线铁路运输;公益性铁路运输以及特定物质的运输。[②] 除此之外,我国铁路还要承担一些特殊的公益性服务项目,按照国家计划完成对煤、粮食、矿石、化肥等重要物资的指令性运输,落实对亏损企业的运输补贴等。此外,铁路的公益性在安全生产、客货运输服务质量以及某些延伸服务环节上也有相应体现。在铁路路网的布局、建设和运营中要突出社会公平,兼顾不同群体的需要,尽可能覆盖更多地区,特别是建设在偏远地区的铁路支线,推动城市扩展的市郊铁路。

(6)外部性。一是公益运输的正外部性。中国幅员辽阔、地形起伏大,东、中、西部经济发展差异大。在一些经济发展相对落后的地区,铁路自身的盈利能力和利润空间并不高,甚至负债运营,但为了促进区域经济发展,履行服务社会的特定职能,很多即便不盈利的线路也要正常开通,还要保证班次和运输密度,并维持较低的运价。由于运量和旅客消费能力无法达

---

① 参见张梦龙:《基于公共物品属性视角的铁路改革结构特性研究》,北京交通大学博士学位论文,2014 年。

② 参见刘云、廉李章:《建立铁路公益性运输补贴机制的思路建议》,《生产力研究》2013 年第 12 期。

到规模经济的要求，铁路部门长年需要投入资金保障支持，并承担相应的经济损失。二是铁路投资的正外部性。由于铁路路网是一个互联互通的整体，一条铁路线建成，不仅这一线路本身会获得收益，也会给全国铁路网增加运量、提高密度，串联起更多的地区，为全国铁路发展带来更大的整体利益。这一点在政企分开，各地方铁路局转制成面向市场的独立竞争主体后将表现得更加明显。三是节能环保的正外部性。铁路运输具有绿色、节约、环保的优势，与其他交通工具相比，在减少碳排放、提高土地利用率等方面具有明显的正外部性。四是促进相关行业发展的正外部性。完善的铁路运输网络将全国各地有机串联起来，在“一盘棋”的运输格局下，铁路作为“大联动机”的功能属性体现得非常明显，运能和运力得到有效提升，运输效率明显增强，加速了人员、物资的流动，促进了区域经济的发展，带动了相关产业的蓬勃兴起，这是其正外部性外溢的具体表现。

铁路运输的负外部性指的是运输所引起的成本，这种成本不仅包括体现于市场价格的财务成本，还包括那些非市场力量能够调节的影响，如交通事故造成的死亡、特殊工种产生的疾病、资源消耗和环境污染等。[①] 具体表现在：因铁路建设和客货运输所带来的土地资源占用、自然景观破坏、原材料消耗、环境污染，以及固体废物废弃，运输工具报废，因拥挤造成的时间损失和交通事故造成的财产损失、路外人员伤亡等。上述方面会增加铁路的运输成本，成本经过流转，必然有一部分要转嫁到消费者身上，由公众代偿负外部性。

二、结构、治理结构与公司治理结构

（一）结构

结构指的是某一整体中的各要素和各部分彼此依赖、相互联系的方式

---

① 参见荣朝和编著：《西方运输经济学》，经济科学出版社2002年版，第59—60页。

与形态,“它可以在所有多样的领域中用来描述任何复杂、有组织的整体的诸多部分被组织为一个特殊模式或形式的安排”[①]。基于对“结构”的语义理解,治理结构可被理解为:由不同部分和要素组成,为平衡各利益相关者的利益关系而作出的一系列制度安排。在设计和应用治理结构的过程中,还需应对由此伴生的各种复杂性和不确定性,减少机会主义行为的出现概率。正如诺贝尔经济学奖得主奥利弗·E. 威廉姆森在其新制度经济学三部曲的收官之作《治理机制》中所提出的,尽管不确定性与有限理性和机会主义的结合会产生诸多风险,使经济组织变得越发复杂,但人类行动者常常能洞察这些风险,并且在构建能够减轻风险的制度方面表现得相当擅长,甚至是富于创造性的……因此,人们设计和选择了各种有细微差别的治理结构。[②]

(二)治理结构

就治理结构包括的层次而言,可从系统意义、政治意义、行政意义三个方面进行解构,系统意义上的治理在用法上最广,涵盖了所有的政治经济权力的分配;政治意义上的治理主要指一个从民主授权机制中获得合法性和权威的国家;行政意义上的治理表现为一种有效率的、开放的、负责的,并被审计监督的公共服务体系。[③] 治理结构在学理研究和实践探索层面都有非常丰富的成果,一般都具体运用到某一特定领域中,宏观如国家治理结构、地方治理结构、政府治理结构,微观如大学治理结构、医院治理结构、公司治理结构等。铁路行业的治理主要关涉的是公司治理结构和行业治理结构,以此作为释义治理结构的两条主线。

---

① [英]杰西·洛佩兹、约翰·斯科特:《社会结构》,允春喜译,吉林人民出版社 2007 年版,第 12 页。

② 参见[美]奥利弗·E. 威廉姆森:《治理机制》,石烁译,机械工业出版社 2016 年版。

③ 参见杨占营:《治理理论、新公共管理与中国治道变革》,《探索》2003 年第 3 期。

(三)公司治理结构

这一概念是公司治理(corporate governance)的结构化呈现,通常被视为对公司进行管理和控制的一整套体系,核心是通过有效的制度设计,为所有权和控制权的分离提供机制保障,实现股东、董事会、高级管理人员和其他利益相关者间的权力制衡。公司治理结构的建设是否科学、得当,直接决定了公司治理的绩效表现。公司治理结构研究的是各国经济中的企业制度安排问题,这种制度安排狭义上指的是在所有权和管理权分离的条件下,投资者与上市企业之间的利益分配和控制关系;广义上则可理解为有关企业组织方式、控制机制、利益分配的所有法律、机构、文化和制度安排,重点是界定好企业及其所有者,以及企业与相关利益集团(包括雇员、顾客、供应商、社区)之间的关系。① 与公司治理结构密切关联的另一概念是公司法人治理结构,对于所有者而言,它是一种经营机制;对于监督者而言,它是一种监督机制;对于社会而言,它是一种规范机制,从此意义上说,公司法人治理结构是一种建立在公司法人内部利益主体所共有的安全高效理念基础上的内在调整机制②,核心是解决公司各个组织机构的组成及其权利、义务与责任的分配问题。公司治理结构所规范的对象有广义和狭义之分,狭义上指的是公司董事会的结构和功能、董事长与经理的权利和义务,以及相应的选聘、激励与监督等制度安排;广义上,它更关注公司的人力资源管理、收益分配与激励机制、财务制度、公司发展战略以及一切与公司高层管理控制有关的一系列制度设计。③ 从针对的问题看,公司治理结构主要通过机制、机构的建设优化,致力于解决对公司经营者的监督与激励问题,理顺相关的机制和制度。良好的治理结构有助于减少社会的等

---

① 参见高军:《中国上市公司独立董事制度研究》,山东大学博士学位论文,2006 年。
② 参见吴春岐:《公司法》,中国政法大学出版社 2006 年版,第 254 页。
③ 参见席恒:《公共事业治理:缘起、结构与模式》,《复旦公共行政评论》2005 年第 1 期。

级关系，增强社会的自治能力，降低社会的治理成本，治理结构不仅包括组织内部的关系，还包括组织之间的关系，而组织之间的关系则包括了府际关系以及政府与其他社会组织之间的关系。[①]

治理过程的基础不是控制，而是协调。行业治理同样要高度重视多元主体的关系协调与持续互动，表现在政府与行业协会、协会与会员、协会内部会员之间多重关系的科学妥处与有机协调层面。行业治理的主体是指拥有对行业内的经济活动进行组织管理权限的组织机构，政府与行业协会是最常见的两类治理主体，其中行业协会是指行业内经济组织为实现行为自律而自我组建、自愿参加的社团法人，只有建立在政府授权和企业组织自愿组织、自愿参加基础上的行业协会才能拥有程序合法性和社会合法性。[②] 行业治理活动的关键在于政府与行业组织的关系处理，行业协会需要不断争取政治发展空间和相对独立的自治地位，从而防止行政干预的不良侵蚀，并为了满足获利需要而形成良好的行业市场秩序和规范，在此过程中不可避免地会涉及协会与外部利益相关者，以及外部环境因素的变动。从这一角度定义行业治理，主要描述的是行业市场秩序和行为规范的建立与实施，也可将行业治理理解为政府、消费者、行业企业等不同行为主体间的利益协商与谈判妥协，最终达成多方都能认可的意见。

从行业治理的行为方式上看，行业治理是指行业治理主体运用政治、经济、法律、技术、教育等多种治理手段，对行业发展中存在的问题和冲突进行有效规范和引导，以实现本行业健康长远发展的管理活动的统称。从行业治理的原因看，它是着眼于市场的盲目性、趋利性和企业负责人的“经济人”特性而形成的一套有效的制度安排，如果单纯交由市场机制来调控

---

① 参见[美]文森特·奥斯特罗姆：《美国地方政府》，井敏、陈幽泓译，北京大学出版社2004年版，第3页。

② 参见周仁准：《社会治理创新：对行业治理的若干思考》，《特区经济》2008年第11期。

和分配资源，就很难达到经济学意义上的“帕累托最优”状态，而且负外部效应、信息不对称和机会主义行为的存在，会明显增大道德风险、逆向选择等行为出现的概率，也易因有效激励不足，进退壁垒多，反过来加剧行业内部的垄断程度，引发“大锅饭”“搭便车”等负面现象大行其道。类似情况在铁路、电力、电信等网络型行业普遍存在，会造成市场经济活动的混乱和市场秩序的紊乱，造成“劣币驱逐良币”。因此，为遏制市场失灵的蔓延，政府的宏观调控和有效干预就显得必要，政府干预理论应运而生，但“大政府、小企业”或者“强政府、弱企业”的配置并不是僵化的模式搭配，而是存在一个明确的适用范围，社会组织、社会力量的成长壮大是规避优先理性、“经济人”假设等潜在风险以及有效应对政府失灵、市场失灵现象的良策，可弥补政府与市场缺陷，这也是在行业治理过程中需要引入多元主体的一个重要缘由。

系统把握行业治理结构的意涵，可从微观、中观和宏观三个视角进行透视。从微观视角看，行业治理结构就是企业自行建立机制以解决冲突纠纷，基于合作共识组成一定范围内的自治网络，如通过行业纵向一体化建设来节约交易成本，通过订立契约来规避违约风险；从中观视角看，行业治理结构是相关行业协会等社会组织通过统一的规划、协调、指导和意见沟通，加强行业内的信息共享，建立行业治理机制来规范行业秩序的一系列活动和制度安排的统称；从宏观视角看，行业治理结构是指政府完善行业相关法律法规，借助行政力量和法律手段对行业进行有效规制和治理活动的依托平台。

行业治理结构在定义和规范主体上有别于普遍意义上的治理结构，也不同于一般范畴的公司治理结构、企业治理结构，因其要与具体行业相结合，附带了很强的行业特色和属性表征。根据结构功能主义的观点，结构作为一种表现形态，归根结底还是要为主体和功能服务。行业治理结构更强调凸显行业特征，展示行业特色，履行必要的行业功能。行业治理结构的形塑、优化与完善，内含权责分配、体制机制、机构重组、利益协调等多方面内容，是一个主体多元、系统集成、运行精密、协同高效的“巨系统”工程。综上，行业治理结构是行业的内外部各要素间及其各治理主体围绕行业治理活动所形成的有效制度安排，并在环境的综合影响下所组成的具有特定关系的组织形式和稳态结构，这种形式往往是人为的选择和有意为之的结果。

三、铁路行业治理结构

铁路行业具有清晰的结构层次、明确的功能目标和相对稳定的内外部治理结构。在铁路行业领域，并未形成规模较大、体系较完整、运作较成熟的行业组织或行业协会，仅有的少数几个协会，如中国铁道工程建设协会、中国地方铁路协会、中国铁道建设协会等，也都具有半官方的背景，并非典型的社会性行业组织，存在感和参与度普遍比较微弱，在行业治理中的作用和贡献较低，目前铁路行业的治理主体仍以常规的政府、铁路行业主管部门、铁路企业和其他社会力量、公众等为主。

铁路行业治理的价值选择和总体方向是在保持铁路总体国有化的价值前提下，对铁路行业的各领域、各环节进行功能细分，遵循市场化、规范化、专业化、制度化、法治化的进路进行建构和完善。从具体的行为过程上看，铁路行业治理强调要通过优化市场结构，厘清政企边界，推进政企分开，实施必要管制等方式，持续深化政企分开、政资分开，在可竞争领域放宽市场准入，消除行业壁垒，鼓励多元主体和社会力量参与铁路行业的建设、运营和管理。政府及铁路行业主管部门作为治理主体，依据行政法规、政策指令、规范性文件和制度性规定，对铁路内部运输企业、相关企事业单位进行规制、监管、协调，是一个持续演化、动态更新的过程。从组成要素上看，铁路行业治理活动包括治理主体、治理客体和治理依据。鉴于我国铁路长期实行集中管理、高度统一的模式，铁路既归国家所有，又由国家直接经营，铁道部以国家部委的形式主管铁路行业，集行政管理、指挥协调、生产经营等职能于一身，对地方铁路运输企业进行严格管制，造成铁路内部并未形成统一、体系化的行业协会。在铁道部存续时期，国家层面的治理主体就是铁道部，铁道部撤销后，交通运输部、国家铁路局和中国铁路总公司构成了新的铁路行业治理主体。治理客体主要包括铁路行业内部的运输企业、多种经营企业、隶属铁路管理的企事业单位和各类专业运营公司。治理依据则包括《中华人民共和国铁路法》，与铁路行业相关的行政法规、政策规范性文件、各类行政指令等，是指导和规范铁路行业治理行为的具体参照。如果从治理要素构成的角度来给铁路行业治理下一定义，那就是铁路行业治理主体借助国家法律、行政法规、规范性文件等治理依据，对铁路运输企业、多种经营公司、相关企事业单位的生产经营活动进行监督、规制和保障的活动总称。

当前，铁路行业治理结构尚属一个比较新的专业名词，学界尚未形成关于铁路行业治理、铁路行业治理结构等概念的统一认识。从概念的字面意思来理解，它有治理结构的共性和一般特征，但更强调突出铁路行业的特色和专门属性。铁路行业治理结构的内涵是铁路行业内部的决策机构、执行机构及监督机构所形成的治理形式，以及有关铁路行业组织内部分权与利益制衡机制的基本框架，落脚到中国铁路总公司和地方集团公司，基本可还原为公司治理和公司治理结构建设的问题。铁路行业的治理结构从其包含的维度看，分为内部治理结构和外部治理结构。内部治理结构侧重于铁路行业相关治理主体间的关系梳理和利益调整，通过博弈、包容、妥协等方式形成一种有效的制度安排和稳定的组织结构，强调在铁路行业内部完成机构重组、权责厘定，通过核心权力的下放和产权改革，明确铁路总公司与地方铁路集团公司(原地方铁路局)之间的关系;外部治理结构关注影响铁路行业运行和发展的利益相关者,重点是厘定好铁路在党和国家事业发展中的战略定位和职能属性,明确政府与铁路运输企业、铁路行业主管部门与一般国企、涉及多元利益主体的相关关系,并从政企协作体系、利益协调体系和规制保障体系三个方面进行分析。政企协作体系主要聚焦政企关系转换调整的背景,在政企分开的实然前提下,政府与铁路运输企业之间在责权利等方面所形成的协作关系;利益协调体系关注的是各治理主体间多元利益的整合、梳理与协调,淘汰旧的、不合时宜的利益格局,形塑新的、更趋合理的利益格局;规制保障体系重点体现在政企分开后,政府实现职能转化,科学调整规制的强度和手段,通过拟定法律规范,出台相关政策,实施安全监管和必要规制等措施,促进铁路行业的健康发展。

第二节 理论分析工具

理论工具作为在特定学科或领域中,用于分析解释现象的模型、框架、方法,它的应用和作用都非常广泛。选择合适恰当的理论工具用以阐释、探究与还原铁路行业的主体构成、运行模式、运作逻辑、内在规律等方面的内容,可为科学理解该主题提供理论视角和学理渊源。本部分选择的理论工具基于管理学、公共管理学、经济学等学科,着眼分析对象的适用性与结合度,重点选取了治理理论、新公共管理理论、公共物品理论、政府规制理论、委托—代理理论等几种理论分析工具。

一、治理理论

所谓“治理”(governance),就是国家、社会与市场等多元力量对相关事务进行共治的状态,核心要义是多元主体、权力依赖、治理网络、协商民主和公共价值。治理在西方使用已有数百年的历史，有学者把治理这一概念的使用追溯到 14 世纪，治理的传统含义是指在特定的范围内行使权威。治理的定义有多种解释，一般认为，治理是政治国家与公民社会协调互动的一种过程，是基于对政府失灵、市场失灵和志愿失灵的多重回应，无论是政府、市场还是社会组织，依靠任何单一治理主体都会带来混乱和无序，因此，倡导政府、市场和社会三方相互补充、彼此支撑、互相助力，形成平等、合作、分享的多元伙伴关系。

西方学者对治理的研究成果非常丰硕，围绕治理的内涵、特征、适用场域、行动机制、行为方式、目标导向等进行了深度解析，提出了多个有典型性和代表性的学理释义，如表 1-1 所示。

表 1-1 关于“治理”的代表性释义

学者/行业组织	定义重点	代表观点
罗西瑙 (J. N. Rosenau)	治理机制	治理的管理机制虽未得到正式授权，却能有效发挥作用；与统治不同，治理指的是一种由共同的目标支持的活动，管理活动的主体未必是政府，也无须依靠国家强制力量来实现
罗伯特 · 罗茨 (Robert Roots)	治理用法	作为最小国家的治理、作为公司治理的治理、作为新公共管理的治理、作为善治的治理、作为社会—控制系统的治理、作为自组织网络的治理
格里 · 斯托克 (Gerry Stoker)	治理多主体联动	治理是政府管理方式的新发展，公私部门之间以及公私部门各自内部的界限趋于模糊；治理明确界定涉及集体行为的各个社会公共机构之间存在的权力依赖；治理指行为者网络的自主自治；治理认定办好事情的能力并不在于政府的权力，也不在于政府下命令或运用其权威

续表

学者/行业组织	定义重点	代表观点
欧文·休斯 (Owen E. Hughes)	治理活动的本质	关于如何指导制度安排,是关于掌舵,即如何组织以及如何制定使组织得以运转的程序
鲍勃·杰索普 (Bob Jessop)	发展趋势	治理反映的是西方社会从部门、机构、机制的分化走向联合的趋势,以及西方社会整合权力、非权力的多种管理工具以达到"善治"的努力
彼得斯 (Peters)	治理模式	将市场模式、参与模式、弹性模式和解制模式作为政府未来治理的四种模式
联合国全球治理委员会	内涵特征	治理是个人和公共或私人机构管理其公共事务的诸多方式的综合,它是使相互冲突的或不同的利益得以调和并采取联合行动的持续的过程。治理过程的基础不是控制,而是协调;治理既涉及公共部门,也包括私人部门;治理不是一种正式的制度,而是持续的互动

治理理论的本质是强调多元主体的共同参与和共同治理,内在逻辑就是承认政府、市场和社会三方在资源配置过程中都不是万能的,都会出现失灵、失败的情况,需要通力合作,特别是对政府而言,要积极培育和利用好市场与社会的力量。治理理论在我国的本土化适用,必须充分考虑相关治理主体的发育基础和治理关系的对比。自 1949 年到 1978 年的 30 年间,我国施行的是依靠计划指令和行政命令管理国家,控制市场和社会的计划经济体制,政府始终是唯一的治理主体,行政力量完全覆盖市场和社会,是典型的一元结构。从 1979 年到 2000 年,随着党的十一届三中全会确立以经济建设为中心,实施改革开放的基本国策,标志着我国对建设什么样的社会主义,怎样建设社会主义,以及市场和计划两种资源配置方式的深刻认知,打破了计划经济就要对应社会主义,市场经济只能挂钩资本主义的

刻板认识，以往政府独家垄断资源，高度管制和影响企业，社会力量只是摆设的一元结构开始被打破，政府逐步梯次放松对社会组织、民间力量的控制，政府之外的市场机制逐步形成，市场在社会生产和资源配置中所起的作用越来越大，社会分化也呈加速态势。2001 年后，社会组织大量出现，包括志愿服务、社区服务、教育医疗改革蓬勃兴起，公共治理的第三极主体开始形成，逐步突破了以往政府包打天下、垄断治理资源的传统格局，多方治理主体之间显露出互动、交流和协作的动向。

善治（good governance）是治理的良好表现形态，善治的要素构成包含了人们对美好治理状态的朴素愿望。俞可平提出，善治是使公共利益最大化的社会管理过程，其本质特征在于它是政府与公民对公共生活的合作管理，是政治国家与公民社会的一种新颖关系，是两者的最佳状态；善治意味着良好的、健全的、有效的治理。[①] 施行善治的过程本质上就是国家权力向社会权力回归的过程，是一个还政于民的社会治理过程，也是国家、政府、企业、社会组织、公众等多元主体共治、共享、共同参与的行动集合[②]，善治的衡量指标和特征表现如表 1-2 所示。

表 1-2　善治的衡量指标和特征表现

善治的衡量指标	善治的特征表现
合法性、透明性、责任性、回应性、有效性、法治、参与、稳定、廉洁、公正	以实现公共利益最大化为目标；强调公共事务参与主体的地位平等，努力保障形式平等和实质平等；强调公共事务参与过程的互动；强调公共事务结果的和谐，注重维护少数群体和弱势人群的权益；保障的法治化

① 参见俞可平：《增量民主与善治》，社会科学文献出版社 2005 年版，第 146 页。
② 参见黄健荣：《公共管理新论》，社会科学文献出版社 2005 年版，第 17 页。

治理与善治的关系非常密切，两者既有一定区别，又存在广泛而紧密的内在联系。相比治理对达成更好的治理效果的方式、手段和路径的看重，善治更加重视“善”的状态实现，如果以时间和空间为经纬度，那么善治可视为“治理”与“善政”的交会；如果将善治纳入国家治理体系中来比较，治理与善治的分野就体现得更加明显，治理更多强调的是手段与过程，而善治则是一种价值导向和预期结果，善治可看作是对治理效果的一种限定与评价，指明了治理的价值导向必然是趋向善的。[①] 近年来，尽管多元治理、网络治理、共同治理的范式开始风靡，越来越强调治理权力与制度安排的有效贡献，但政府在治理活动中的主导地位依然是不能被消解的，政府依然是社会前进的火车头，要对人类实现善治发挥着决定性作用。[②] 无论是强调政府与公民之间形成常态稳定的良好合作关系，还是强调管理机制依靠的是合作网络的权威，抑或主张多元主体就共同的公共利益或公共事务展开磋商对话，在公平、开放的原则下商讨解决公共问题的方案[③]，实现有效的公共治理，合作始终是治理与善治的核心价值与第一属性。正是基于此认识，善治与善政的内在联系更加明晰，善政成为实现善治的关键和前提条件，善治则是善政的发展方向和内在要求。

二、新公共管理理论

作为一种新的政府改革理论与模式，新公共管理是对时代需求的积极回应。

20 世纪 70 年代以来，西方国家为解决政府在治理、公众信任和公共财政上面临的三大危机，有效提高公共服务的效率和质量，掀起了一场以推

---

① 参见刘洪彬：《国家治理体系现代化研究》，武汉大学博士学位论文，2014 年。

② 参见俞可平：《增量民主与善治》，社会科学文献出版社 2005 年版，第 147 页。

③ 参见[德]尤根 · 哈贝马斯：《公域的结构性变化》，童世骏、邓正来译，中央编译出版社 2002 年版，第 121—172 页。

进公共服务外包为特征，借鉴私营部门的管理理念改善政府绩效，以私营化、市场化为导向的行政改革。英国、美国、澳大利亚、新西兰相继发起新公共管理运动，呈现出多元化的表现形态，包括波利特的“管理主义”、罗森布鲁姆的“以市场为基础的公共行政”、巴雷泽的“后官僚制范式”，以及奥斯本和盖布勒的“企业家政府”[①]等多种理论构想在改革实践中得到检验。

20 世纪 90 年代，新公共管理作为一种规范的学说表达开始形成。经合组织（OECD）通过对多国改革运动的总结，认为多数国家希望通过改革达到提高生产力，增强公共产品与服务能力的目的，由此形成了两种改良路径。其一是打破公共服务供给由政府独家垄断的局面，以契约化、“公共服务外包”的方式构建中间形态的产品，充分发挥私营部门在公共服务供给中的重要作用，拓宽供给公共服务、提供公共产品的渠道，旨在解决公共服务供给需求不断增加与政府供给能力和服务品质有限之间的矛盾。其二是提升政府自身的治理绩效，主要是借由提升公共组织的人力资源管理水平得以实现，包括让成员参与组织的决策和管理过程，实行严格的绩效考核和目标控制；注重顾客需求导向，改善政府与顾客的沟通渠道，旨在提升政府内部的管理水平和公共服务的质量。

在政府角色的界定上，新公共管理主张政府只负责掌舵，而将划桨的职能交由市场或社会组织来承担，使公私部门的界限不再泾渭分明，推动公共服务更大范围地靠近市场和社会。在此过程中，大量私人部门和社会中介组织参与到公共事务的管理和公共服务的提供中，增强了公共服务体制的活力。同时，新公共管理同样重视和依赖多元合作主体的平等协商，主张公共权力的分享，认为提供公共物品并非政府的专利，市场完全可以有所作为，交由具有先天效率优势的私人部门来完成，可弥补政府供给的

---

① 杨博：《论政府有效性：基于西方公共行政理论演进的视野》，华中师范大学博士学位论文，2015 年。

效率损失,创造出更加多元化、个性化的服务需求。在新公共管理的框架下,政府提供公共服务的过程演化为一个安排或购买公共服务的过程,政府不再是公共物品的生产者,而是“精明的买主”,即从众多供应商中挑选出一个最佳的合作伙伴,向市场购买物美价廉的公共物品。另外,新公共管理不再以政治与行政的两分法来界定政府角色,而是力图探究公共行政过程如何更好地契合并嵌入到政治市场的交换过程中去,在此过程中自然地促进公共利益的实现。基于此,新公共管理提出了“政府应该创造像市场那样的广阔舞台,在这个舞台上,个人不需要关心其顾客同伴的利益”①。

新公共管理以公共选择和企业管理理论为基础,对政治过程作了“类市场”的解读,强化结果导向,力图通过管理主义的途径引入企业管理工具和顾客导向的理念;主张授权与分权,促进政府组织向高效灵活的组织转型;倡导引入市场机制和竞争机制,充分保障顾客的消费者权利,改善顾客的满意度,以此构建提升政府有效性的理路。在新公共管理理论中,对政府职能和行为特征的概括最具代表性的应属美国学者戴维·奥斯本和特德·盖布勒②,他们在《改革政府》中提出了著名的“政府十项职能和特征”,如表 1-3 所示。

表 1-3 新公共管理理论倡导的政府职能与行为特征

政府职能	行为特征
起催化作用的政府	掌舵而不是划桨
社区拥有的政府	授权而不是服务
竞争型政府	把竞争机制注入到提供服务中去
有使命的政府	改变照章办事的组织

① 程样国、韩艺:《国际新公共管理浪潮与行政改革》,人民出版社 2005 年版,第 17 页。

② 参见[美]戴维·奥斯本、特德·盖布勒:《改革政府:企业家精神如何改革着公共部门》,周敦仁等译,上海译文出版社 2021 年版。

续表

政府职能	行为特征
注重效果的政府	按效果而不是按投入拨款
受顾客驱使的政府	满足顾客的需要，而不是官僚政治需要
有事业心的政府	有收益而不浪费
有预见性的政府	预防而不是治疗
倡导分权的政府	从等级制到参与和协作
以市场为导向的政府	通过市场力量进行变革

在西方国家的改革实践中，新公共管理运动一度取得了良好效果，尽管各国改革的传统、侧重点和措施应用各有差异，但也表现出一些共同的特点。英国学者克里斯托弗·胡德归纳了新公共管理的七要素：第一，实施专业管理，把管理权交给管理者；第二，目标必须明确，绩效必须能够测量；第三，格外强调产出控制，重视实际的效果甚于重视程序；第四，倡导分化，将政府的大部门划分并单独成立相关政策领域的小型机构，实现政府精简，发挥小机构“单一作业”的效率优势；第五，专注更激烈的竞争，通过招标采购在公共服务领域引入竞争；第六，重视私营部门管理方式的应用；第七，强调资源利用上的克制与节约。① 欧文·休斯将新公共管理模式总结为六方面的特征：更关注结果的实现和管理者个人责任；组织、人事、任期和条件更加灵活；根据绩效指标测量工作任务的完成情况；高级管理人员带有政治色彩进行工作；区分掌舵与划桨职能，政府行为接受市场检验；通过民营化、签订合同等方式减少和规范政府职能。②

新公共管理理论自产生以来，就始终面临是不是一种范式的诘问，其在指导政府体制改革中的实践效果也受到一定质疑，它对经济效率与工具

① Christopher Hood, “A Public Management for All Seasons?”, *Public Administration*, vol.69, no.1(1991), pp.3-19.

② 参见[澳]欧文·休斯：《公共管理导论》，张成福、马子博等译，中国人民大学出版社2010年版。

性价值的过度追求，将公共行政演化为追求效率的工具，导致公共行政目的性价值缺失、公共组织机构裂化和公共服务碎片化[①]，为顾客服务的措施使一部分人被排斥在公共服务之外，公共利益和公共精神被大大削弱，公共产品的供给品质也随之大幅下降。为矫正过度民营化和公私合作泛化而产生的乱象，“整体政府”“无缝隙政府”“重新政府化”等相关学说兴起。英国学者帕特里克·邓利维提出，后新公共管理的核心观点就是政府等公共部门重新吸收原先外包给私营部门的活动[②]，通过“逆向合同外包”的方式，政府将不适宜由私人部门提供的公共产品和公共服务重新收回[③]。这在改革实践中体现为很多国家的再国有化，像英国、德国在经历了大刀阔斧的铁路民营化改革后，又重新进行了国有化，以适应国家对铁路改革控制力的需要，更好地彰显铁路行业的公共属性和社会价值。

三、公共物品理论

公共物品和私人物品是基于物品的产权和消费特征所进行的分类。相对于私人物品，公共物品不具有明确的产权特征，在整体形态上难以分离和分割，公共物品一旦被生产出来，生产者就无法决定谁来得到、使用它，由于公共物品面向社会全体成员，这就为社会成员的“搭便车”提供了客观条件。

美国经济学家保罗·萨缪尔森是公共物品理论的创始人，他首次将公共物品和私人物品区别开来，提出了公共物品应该具有非排他性和消费上的非竞争性。布坎南在《民主财政论》一书中指出，无论任何集团任何原

---

① 参见韩兆柱、翟文康：《西方公共治理前沿理论述评》，《甘肃行政学院学报》2016 年第 4 期。

② Patrick Dunleavy, Helen Margetts, and Simon Bastow, et al., “New Public Management Is Dead—Long Live Digital-Era Governance”, *Journal of Public Administration Research and Theory*, vol.16(2005), pp.467-494.

③ 参见句华：《公共服务中的市场机制：理论、方式与技术》，北京大学出版社 2006 年版，第 137 页。

因，只要是通过集体组织提供的商品或服务，都将被定义为公共物品。① 奥尔森在《集体行动的逻辑》一书中认为，任何物品，如果一个集团当中的任何个人能够消费它，它就不能适当地排斥其他人对该产品的消费，该物品就是公共物品。②

公共物品理论的形成起源于亚当·斯密在《国富论》中对君主必须履行的三个职责的论述，“保护本国社会安全，使其免受暴行和侵略；保护人民免受欺侮和压迫；建立并维护某些公共机关和公共工程”③，由此证明了国家存在的必要性，明确了将公共支出与市场失效相联系。随后，英国著名经济学家约翰·穆勒以灯塔为例，分析了灯塔由市场机制提供会失灵的原因，主要是难以收取服务费用和无法排斥他人受益。这一案例的提出在公共物品理论的形成和发展中具有重要意义，也在讨论公共物品的提供机制时被多次引用，但这一时期，围绕公共物品的阐述还是一些相对零散的观点，尚未形成系统的科学理论。阿道夫·瓦格纳基于对 19 世纪欧洲国家和美国、日本的公共支出增长情况的分析，提出了“公共支出不断增长法则”（又称“政府活动扩张法则”“瓦格纳法则”），首次提出了“公共经济”的概念。④ 瑞典学派的代表人物维克赛尔提出，公共服务（公共物品）的范围和规模并不取决于个人，而是由社会各阶层和利益团体之间的协商来决定。⑤ 另一代表人物林达尔提出了“林达尔均衡”，强调公共物品价格并非取决于某些政治选择机制和强制性税收，每个人都可根据个人意愿确定价格，并按这种价格购买公共物品，当处于均衡状态时，价格与公共物品的供

---

① 参见[美]詹姆斯·M. 布坎南：《民主财政论》，穆怀朋译，商务印书馆 2002 年版，第 129 页。

② 参见[美]曼瑟尔·奥尔森：《集体行动的逻辑》，陈郁、郭宇峰、李崇新译，格致出版社 2011 年版，第 257 页。

③ [英]亚当·斯密：《国富论》（全 2 卷），郭大力、王亚南译，译林出版社 2011 年版，第 36—37 页。

④ 参见王爱学：《公共产品政府供给绩效评估理论与实证分析》，中国科学技术大学博士学位论文，2008 年。

⑤ 参见任波：《公共服务中的公私伙伴关系模式研究》，重庆大学博士学位论文，2005 年。

给量之间应大体一致。[①] 这更新了学界对公共物品供给和价格机制的认识,但也为“搭便车”行为的出现提供了理论渊源。

自 20 世纪 40 年代以来,经济学家试图通过描述政治程序来解释个人选择的真实偏好,布莱克、塔洛克、唐斯、尼斯卡宁等学者对投票机制、决策理论、官员行为动机等进行了大量的理论与实证研究,从中探寻公共物品的最佳供应模式。肯尼斯·J. 阿罗在《社会选择与个人价值》一书中首先提出并严谨论证了“一般不可能定理”(也被称为“阿罗不可能定理”),即没有哪一种投票规则能尽如人意,不能保证一个民主社会能作出前后一致的决策。[②] 这一定理给出了一个惊人的判断,即集体决策在现有的民主政治、决策机制和投票偏好下很可能无法作出。20 世纪 70 年代后,公共物品理论出现了“公共选择理论”这一新的研究方向,成为新公共管理的重要理论基础,布坎南作为该理论的代表人物,他出版的《公共物品的需求与供给》《外部性与公共支出理论》专著,发表的《外部性》《俱乐部的经济理论》论文,为科学把握公共选择问题提出了耳目一新的见解。

关于公共物品的供给方式,目前学界推崇的主流模式有三种:第一种是萨瓦斯提出的民营化模式,即通过委托、撤资和替代的手段,减少政府干预,增加私有机制以满足公众需求;第二种是雷蒙特首创的公共设施供应的“公私合营模式”(Public-Private-Partnership),即公共部门与私营部门建立长期合作伙伴关系,以契约约束机制协调公私部门的行为和物品供给,其中最典型的是近年在公私合作项目中得到广泛应用的 PPP 模式;第三种是政府与第三部门功能互补的供给模式,双方各自发挥供给优势,实现公

---

① Erik Lindahl, “Just Taxation—A Positive Solution”, in *Classics in the Theory of Public Finance*, edited by Richard A. Musgrave and Alan T. Peacock, London: Palgrave Macmillan, 1958, pp.168-176.

② 参见[美]肯尼斯·J. 阿罗:《社会选择与个人价值》,丁剑锋译,上海人民出版社 2010 年版,第 43 页。

共物品供给效能的最大化。公共物品的分配涉及公平和社会稳定，在国家出现之前始终有不可调和的矛盾，这也被看作国家产生、政府干预的逻辑起点，斯蒂格利茨甚至提出“政府本身的活动就是一种公共物品”。由于公共物品供给存在明显的市场失灵，因而需要政府干预，由此“市场失灵—政府提供”的解释思路就成为政府供给公共物品的基本逻辑。这一逻辑还包含着一系列重大命题，涉及对政府与市场作用的认识，二者在资源配置中的分工协作和比例分布，甚至决定了国家选择怎样的经济发展模式，形成怎样的经济增长方式。但进一步的研究和实践表明，市场失灵只是政府提供干预、供给公共物品的必要条件而非充分条件，市场失灵并不必然要求政府提供公共物品。从公共物品理论成立的基本前提而言，“经济人”假设仍然是最重要的理论支柱，否则，市场失灵的结论无法证成，“搭便车”和隐瞒偏好等一系列概念也无法得到合理解释。政府是由个人构成的，而个人是由自身利益驱动的，所以政府也是由利益驱动的，集中表现为政府工作人员在制定公共政策、行使公权力时，除了自身作为公职人员的身份认定，也同样含有经济人的动机，往往会从个体或部门利益出发而忽略公共利益，因此政府解决市场失灵的善意行为并不总能达到预期结果，由于公共决策失误、政策执行偏差、信息失真、竞争机制缺乏、政府内部人惰性和官僚主义等多重因素影响，政府提供公共物品和公共服务同样会面临低效、低能和无序。为了弥补市场失灵，政府干预意味着要扩大政府活动的场域，增加行政成本的支出，这又为政府扩张和政府寻租提供了空间，进而造成系统性的“政府失灵”。可见，决定公共物品是由市场还是政府提供，并不是考虑市场失灵出现的概率和政府干预的必要性，而要回归到公共物品的属性和公共需求的程度上来。由于公共物品多数涉及增进社会公益，促进社会福利，因此需要从全社会范围内募集资金，保障公共物品的稳定供给；公共物品的供给往往同时存在于公共和私人领域，这两个领域中公共需求和私人需求的规模及结构也是影响公共物品供给机制和方式选择的重要因素。

四、政府规制理论

政府规制(government regulation)也称“政府管制”“政府调节”。各国在进行政府规制的实践中,探索形成了多元的模式和路径,对其含义的界定也存在不同说法。卡恩认为规制是对该种产业的结构及其经济绩效的主要方面的直接的政府规定,主要是针对行业进入、价格、服务条件等方面的规定。[①] 丹尼尔·F. 史普博认为,规制是行政机构制定并执行的直接干预市场机制或间接改变企业和消费者供需决策的一般规则或特殊行为。[②] 植草益认为,规制就是社会公共机构依照一定的规则对企业的活动进行限制的行为。[③] 我国学者针对政府规制的研究也作了大量论证,陈富良等主张,政府规制是由政府部门发挥主导作用,通过制定并执行相关法律法规,对企业的进出、价格、服务的数量和质量,以及投资、财务会计等活动,以行政许可的方式直接施加影响的行为。[④] 余晖认为,规制是政府以法律为根据,以大量颁布的法律法规、规章命令及裁决为手段,对微观经济主体(主要指企业)的不完全市场交易行为所进行的直接控制或干预。[⑤] 本书所关注的政府规制行为主要针对有自然垄断属性的国家基础设施领域的规制,因其规制对象具有明显的国家性和国有化特征,所以政府的统一管理和高

---

① Alfred E. Kahn, *The Economics of Regulation: Principles and Institutions*, New York: Wiley Press, 1970.

② 参见[美]丹尼尔·F. 史普博:《管制与市场》,余晖、何帆、钱家骏等译,格致出版社 2008 年版,第 27 页。

③ 参见[日]植草益:《微观规制经济学》,朱绍文等译,中国发展出版社 1992 年版,第 1—2 页。

④ 参见陈富良、黄金钢:《政府规制改革:从公私合作到新公共服务——以城市水务为例》,《江西社会科学》2015 年第 4 期。

⑤ 参见余晖:《政府与企业:从宏观管理到微观管制》,福建人民出版社 1997 年版,第 1 页。

度管制长期被看作有天然的正当性和必要性。

政府规制理论最初提出是针对弥补市场失灵的情形，在一定意义上，政府管制是政府向社会提供的一种特殊公共产品。[①] 在政企关系转换的时代背景下，政府规制被赋予了新的特征：首先，政府规制的主体是国家，具体说就是被赋予国家权力的行政机关，这是采取规制行为的行动主体；其次，政府规制的客体主要集中在关系国计民生和国家安全，与公共利益密切相关的公用事业领域和国家基础设施，如铁路、电信、电力、石油等行业，由此还形成了政府规制理论的一个重要分支——“公共利益规制理论”，该理论以市场失灵为研究起点，以福利经济学为理论基础，着重关注经济产业中的自然垄断特性；再次，政府规制的依据是国家法律、部门规章、政策法规等；最后，规制的方式不必拘泥于某种固定的形式，也不限于全部是禁止性规制，也可积极实施鼓励性的规制政策。

政府规制存在多种类型，大体可分为反垄断规制、经济性规制和社会性规制。其中反垄断规制主要针对寡头性垄断企业，是为防止恶意兼并和破坏市场秩序而做出的应对举措。经济性规制通常指政府在价格、产量、进入与退出等方面对企业决策所实施的各种强制性制约[②]，规制的对象主要针对有强自然垄断性质和信息不对称的领域，铁路行业就是这类代表的典型。在众多经济性规制的方式中，激励性规制主要是针对微观经济主体以提高规制效率而采取的规制行为，其中“特许权投标制度”就是广泛应用于公用事业和基础设施领域的一种政府规制方式，该制度最早由英国人凯德维克在研究法国自来水行业运行模式中提出。随后，美国经济学家哈罗德·德姆塞茨将其作为应用自然垄断行业规制的主要方法。实施经济性

---

① 参见王俊豪：《政府管制经济学导论》，商务印书馆 2017 年版，第 9 页。

② W. Kip Viscusi, Joseph E. Harrington Jr., and David E. M. Sappington, *Economics of Regulation and Antitrust*, Cambridge: The MIT Press, 1995, p.295.

规制，主要针对的是企业内部普遍存在的无效率、规制关联费用的增加，行使规制的权力寻租成本和因实施规制行为滞后产生的效率损失等问题。而放松经济性规制则被描述为国家管理非政府主体的经济行为合法权力的退却，体现在政府应减少对企业微观行为的监管和干预，特别是逐步放松对价格和市场准入的政策限制。

社会性规制是以保障劳动者和消费者的安全、健康、卫生等权益，满足保护环境、防止灾害为目的，对物品和服务的质量，以及与之相伴生的各种活动制定一定的标准或禁止、限制特定行为的规制。[①] 相比经济性规制，社会性规制是一种较新的政府管制形式，美国通常将社会性规制的范围局限于健康、安全和环境保护三个方面。自改革开放以来，我国政府也更加重视对于规制方式的优化和调整，通过积极转变政府职能，加大简政放权和优化服务的力度，实施更有质量的宏观调控，减少对微观经济主体的直接干预，并着力提升政策和法律的规制力度；为保持政府规制的公正高效，设立了专门的政府管制机构，为招商引资和企业发展创设更加安全稳定的营商环境，也在优化政企关系上作出了积极努力。

“政府管制俘虏”是政府管制失灵的具体表现。根据政府管制俘虏理论的释义，政府管制是为满足产业对管制的需要而产生的，而管制机构最终会被产业控制，即执法者被产业俘虏。美国学者乔治·斯蒂格勒是这一理论的创始人和最大贡献者，他将规制看成一种特殊产品，官员是供给者，利益集团是需求者，由此搭建形成了分析政府管制俘虏理论的基本模型，并推导得出了“规制使组织良好的利益集团获益”的基本结论。[②] 规制始终存在失灵或低效的风险，在此情况下，政府依然进行规制，是因为受到了利

① 参见刘宇：《改革开放四十年我国铁路行业的转型质效与深改探索：基于公共管理视角》，《华东经济理》2018 年第 12 期。

② George J. Stigler, “The Theory of Economic Regulation”, *The Bell Journal of Economics and Management Science*, vol.2, no.1(1971), pp.3-21.

益集团的裹挟；政府出台的规制政策，是否科学合理，可操作性怎样，最终还要落脚到每名官员的具体行动上，而政府官员与普通人一样，都有自己的目标效用函数，而且其决策和行为会同时受到经济人与理性人的双重约束与行动驱使，使得他们既不比普通人更好，也不比普通人更坏，自然也就很难让官员从始至终都致力于追求社会福利和公共利益的最大化。经济学家佩尔特兹曼是芝加哥学派的另一位代表人物，他的研究进一步发展了政府管制俘虏理论，他认为政府管制俘虏理论的实施后果通常与市场失败相联系，在受政府规制的情况下，垄断利润会被垄断企业占有。[①] 需要注意的是，政府规制在我国和西方的适用对象有明显差别。在西方语境下，政府规制对象更多面向的是私人垄断企业，实施规制也是为了抑制这些企业作出与社会利益相悖的行为的冲动。与之相比，在我国，实施政府规制的行为主体和对象有明显差别，从规制对象看，主要针对的是关系国计民生的基础设施和重要行业；从规制目的看，既有维持行业健康发展的政策意图，也有强化国家对该类行业控制力与驾驭力的目的，是国家层面实际掌控主导权的具体表现。

五、委托—代理理论

委托—代理理论起源于 20 世纪 40 年代，70 年代得到迅速发展。该理论主要探讨在信息不对称及委托人和代理人之间存在目标不一致和利益协调困难的情况下，如何通过有效的制度安排和行动选择，协调双方的目标使其趋于一致，最大限度压减代理成本，化解道德风险，有效解决委托—代理问题。

现代意义的委托—代理概念最早由罗斯提出，“如果当事人双方，其中

---

① 参见王俊豪：《自然垄断产业的政府管制理论》，浙江大学出版社 2000 年版，第 3 页。

代理人一方代表委托人一方的利益从事某些决策权，则代理关系就随之产生了”[①]。美国经济学家伯利和米恩斯在研究股份制公司治理体制问题时指出，在股份制的前提下，公司的管理阶层可代表股东行使公司管理的职能，这为公司所有权和经营权的分离创造了条件，但当运行和操纵企业的管理者不是企业主要股东时，损坏企业所有者利益的危险就增大了[②]，指明了委托—代理关系存在的隐患和风险。自那时起，人们便开始重视所有者与经营者之间存在的利益背离的事实，并围绕如何优化委托—代理关系进行深入思考。

委托—代理理论源于委托—代理关系，委托—代理关系是社会经济分工和生产的专业化产物。詹森和麦克林认为这种关系所描述的是委托人(principal)委托代理人(agent)，根据委托人的利益从事特定活动，并相应授予代理人某些决策权的契约关系。[③] 委托—代理关系本质上是以合同的方式来确定委托人和代理人的责任、权力和利益，并通过相应的激励、约束和惩戒机制，使代理人在行动中最大限度增进委托人的利益。这种关系追求分工效果和规模效果，但这种效果所建立的基础是代理人要忠实服务于委托人，受多重因素的制约，往往很难满足，一方面，代理人是具有独立人格的经济人，会本能地趋利避害，尤其在缺乏有效的外部监督和制度约束的情况下，会本能地从满足自身利益最大化的角度作出行动选择；另一方面，委托人与代理人之间存在严重的信息不对称，这种不对称性来源于委托人对代理人的行为、资源、条件禀赋的观察及有效控制的难度大。[④] 为了

---

① Stephen Ross, “The Economic Theory of Agency: The Principle's Problem”, *American Economic Review*, vol.63, no.2(1973), pp.134-139.

② 参见[美]伯利、米恩斯:《现代公司与私有财产》，甘华鸣、罗锐韧、蔡如海译，商务印书馆 2005 年版，第 226 页。

③ 参见杨晓维:《不确定性、代理问题和国有资产产权结构的选择》，《经济研究》1992 年第 12 期。

④ 参见翟林瑜:《从代理理论看国有企业改革的方向》，《经济研究》1995 年第 2 期。

规避道德风险，减少逆向选择，取得更理想的委托—代理效果，有的委托人会在代理关系形成前后，对代理人进行一定的预判和监督，由此付出必要的“代理费用”，这可理解为非效率的价值等值，即采取机会主义行为产生的成本。

在政治生活领域，委托—代理关系主要体现为国家治理层面的所有权和管理权的两相分离。国家权力因其稀缺性而成为一种备受争夺的“产权”。[①] 基威特和麦库宾斯从公共选择理论的角度，就协调政治家（国会）与官僚之间的委托—代理关系提出，政治家是委托人，官僚则是政治家的代理人，政治家将治理国家，掌管行政机关的权力委托授予官僚，由其负责实现政治家的施政纲领和执政愿望。[②] 由于政治家与官僚所处的立场和各自利益的差异，委托人和代理人之间必然存在利益冲突，加之信息不对称，极易引发委托—代理关系的紧张，产生代理人违背委托人利益的行为。委托—代理理论对公共权力的运行机制同样有很强的解释力，马奇和奥尔森提出，政治体制中的任何辩解都是一种彼此委托的形式，委托带来的问题是代理者的价值立场通常不会和委托者完全一样，增大了对代理者进行行为监控的难度，当然也可采取彼此委托的形式，即签订有互相制约力的合约。[③] 问责反映的就是委托人与代理人之间所形成的一种权责关系，核心是对权力进行制约和有效监督，防止公权私有。从人民和政府这对委托人与代理人的关系上看，政府的一切权力都来源于人民，即“权为民所赋”，人民同意授权的前提是政府必须对其行使权力的行为负责，一旦政府在行使公权力时违背运用原则，就要受到人民——权力授予者的问责[④]，从这个意

---

① 参见谷志军：《委托代理矛盾、问责承诺与决策问责》，《江海学刊》2015 年第 1 期。

② 参见郭勤、廖东升、郭静：《论公司治理与经理人员的激励契约构建》，《湖南社会科学》2006 年第 1 期。

③ 参见[美]詹姆斯·G. 马奇、约翰·P. 奥尔森：《重新发现制度：政治的组织基础》，张伟译，生活·读书·新知三联书店 2001 年版，第 26 页。

④ 参见谷志军：《委托代理矛盾、问责承诺与决策问责》，《江海学刊》2015 年第 1 期。

义上讲，问责体现的还是一种权力关系，这也是解决委托—代理问题的一种有效行动策略。

在现代市场经济体制下，委托—代理关系主要以股份公司中资本所有者和企业决策者、董事会与总经理之间的关系为表现形态，这种关系实质上是企业所有者放弃对企业的直接经营权，委托自己挑选的代理人进行经营，并通过签订合同、达成契约的方式，对代理人的行为施加必要约束，使其能够遵照委托人的意图和利益最大化的方向去行动。在国有企业产权界定和绩效改善的进程中，委托—代理关系也普遍存在，由于国有资产属于全体人民，但现实中，由于执行成本过高，全体人民不可能直接管理经营国有资产，需要由人民委托政府行使对国有企业的管理权，这就形成了政府设置专门部门（在我国以“国资委”的形式出现）管理国有资产，指导企业生产经营的局面。在这种格局下产生的委托—代理问题，主要包括两个方面：一是委托人和代理人的激励不相容，由于委托人层级和定位复杂化、代理人行为短期化和契约关系的非市场化，存在因效用函数、目标函数不一致，机会主义行为成本过低，“搭便车”和进行逆向选择的内在冲动增强；二是由于存在信息不对称，在不确定的经济环境下，委托人不能充分掌握代理人的行为动机，且代理人不能完全控制自己的行为后果，在没有有效制度及激励机制的情况下，代理人会作出有损委托人利益的行为。

目前，在国有企业中解决类似问题的处理机制通常是制定必要的激励相容措施，建立约束惩戒机制，增大代理人违规操作的成本，搭建透明公开的信息传递平台，以保证公众对国企运营的知情权和参与权，减少内部人控制的空间。在适用委托—代理理论指导经济体制改革和国企改革中，要特别注意理论产生的制度基础，充分考虑我国国情、适用对象的规律和特点，要对理论适用的边界进行科学限定，做到一般原理与适用对象的传统和现实的充分结合，防止囫囵吞枣、削足适履。

第三节 理论的适用

理论工具的价值体现在更好地服务于研究主体。上述基于公共管理视角所选取的五个理论工具在与铁路行业的结合中都有各不相同的适用性，为阐释铁路行业的运行模式、内在机理、逻辑关联、发展规律提供了理论依据和学理支持。

一、治理与善治的视角：铁路行业政企之间的治权分享

治理理论主张多元主体就某项共同关注的公共利益或公共事务展开协商与合作，治理系统的运行不再奉行以权力为核心的逻辑，而是致力于建构一种平等沟通、信任互惠的逻辑，以目标和价值为导向，具有较强的回应性、主动性、前瞻性和预防性。治理的理论范式为调和新公共管理中的市场化倾向，修正公共行政中的管理主义弊端，整合公私部门之间的差异，提供了全新的改良路径。善治被视为一种良好、有序、高效的治理状态，无论是对治理理论的丰富，还是对善治路径的探索，其所秉持的价值导向都是跳出“政治—行政”“国家—社会”两分的理论窠臼，转向多元主体的共建共治共享。近年来，治理在具体行业领域的应用呈现加速扩散的态势，与铁路行业同属网络状、垄断型行业的电力、民航、电信等行业的改革发展与治理动向同样颇受社会关注。

理论的生命力在于服务并指导实践，要提出真正有解释力和一贯性的理论叙事原则，唯有扎实立足政府、市场、社会三方的发育基础和协作传统，充分考虑我国经济社会转型和重大行业改革发展的现实特征。[①] 相比

① 参见刘宇、方雷：《政企分开后我国铁路行业改革的困境与出路》，《改革》2018 年第 7 期。

西方，我国政府、市场和社会三方治理主体的发育传统、力量对比和协作逻辑都有鲜明的中国特色，有着我国政府职能转变和社会转型变迁的烙印。从治理和善治的视角看，铁路行业的复杂属性、多元价值和多向功能及其在国家经济社会发展中的重要地位，都注定铁路行业的全面深化改革形成的是多元利益主体共同参与的行动格局。

现阶段，推进铁路行业政企间治权分享机制形成的关键，就是从改变政府职能入手，加快政府职能的转型和角色转变，以建设“善治型政府”为目标，使政府在形态和功能上尽量满足适度、服务、责任、开放、有限、法治的建设样态和治理要求，在建构过程中，客观上就内含了政府要收缩职能，规范职权，厘定政府与市场的作用范围，通过政府主动地简政放权，简除烦苛，给企业赋权扩能，最大限度发挥市场机制的引导、激励和催化作用，充分激发铁路运输企业的创造性和竞争力，让政府在保持“法无授权不可为”的权力谦抑与市场“法无禁止即可为”的积极扩张之间，实现铁路行业政企共治的协同高效。

二、新公共管理的视角：铁路行业公私合作的边界限定

新公共管理提出改善公共服务的绩效与消除政府失灵，应该着眼于打破政府在公共服务领域的垄断格局，主动对接市场，将政府的部分职能交由市场和社会，积极引入竞争机制，建立多元化、市场化的公共服务供给体系。在公私合作中，政府特许经营或其他形式的政策工具可吸引众多主体参与到公共服务体系中来，私营部门通过公私合作，获取参与或者提供某项服务的专营权。在政府规制下，私营部门可通过向消费者收取合理费用的方式来逐步收回投资成本，追求投资回报，例如政府引导私营企业、社会力量参与交通基础设施的建设。

近年来，铁路行业投融资机制呈现出主体多元化、运作市场化的特点，

社会资本的注入有效缓解了铁路资金紧张的境况，铁路在开发、建设、运营等环节所引入的BOT（建造—运营—移交）、PPP（政府和社会资本合作）、TOT（转让—经营—转让）等多种特许经营模式，是新公共管理所倡导的公私合作模式的典型例证。2017年9月，杭绍台铁路PPP项目正式落地，作为国家级铁路PPP模式示范项目之一，也是民营资本首次在国内铁路投资领域实现控股，破冰和示范意义突出，成为政企携手、公私合作建设铁路的典范。从国外铁路特许经营的发展情况看，世界上有20多个国家和地区实施了铁路特许经营项目，大部分进展良好，有效改善了铁路商业化运营现状①，释放了铁路运力，提升了铁路运营效率，有助于形成国家资本与私人资本共同注资、协同配合的格局。

新公共管理者将公共服务的市场化、民营化奉为改革圭臬，萨瓦斯甚至认为，民营化体现了新公共管理的所有特征②，这一主张力图改变以往政府作为单一公共服务供给主体的垄断格局，转而致力于建设多元主体共同参与的公共服务市场，推动政府治理结构向多元化发展。然而，维系与运作多元参与的治理结构需要的不仅是官僚层级控制机制，还要形成参与主体伙伴关系的管理机制。对政府来说，这种关系很大程度上要体现在对市场失灵的有效防范上，在引入市场机制、竞争机制的同时，就要对市场失灵的危害进行充分预想，倘若政府缺乏适应多元治理结构的能力和相应机制，不具备有效的监管能力和保障机制，多元治理主体又力量弱小，不能切实承接政府交出的职能，势必将弱化这种市场化改革的优势，并将带来新的公共管理难题。尽管新公共管理的支持者致力于通过“合同外包”“特许经营”等民营化方式，打破政府在公共服务供给上的垄断地位，但即便是最

① 参见贾光智：《国外铁路特许经营模式分析及启示》，《铁道运输与经济》2016年第1期。

② 参见［美］萨瓦斯：《民营化与公私部门的伙伴关系》，周志忍等译，中国人民大学出版社2002年版，第6页。

激进的政策主张也不会同意将所有的公共产品和公共服务都交给私人部门去生产和提供。改革的实践证明,在一些特殊领域如果不区分情况、大幅度进行市场化和私营化改革,非但不能带来效率的提高和效益的增进,还会将行业发展置于混乱的险境之中,这在铁路、民航、油气等长期处在国家管制下的公用基础设施领域都有明显的对应关系。在铁路行业内部,类似路网建设、调度指挥系统等相关基础设施,因其自然垄断和规模经济的属性,应继续坚持政府提供,而在竞争性强的客货运输环节,也有很多公益性突出的项目,仍然需要国家的重点投入,不能盲目向市场开放,避免因过度追求经营利润而削减铁路行业的公共性,这就进一步明确了铁路内部必须国有化和可以适度市场化的边界。当前,在铁路行业的深化改革进程中,国家所有和有效控制是不容置喙的基本前提,确定好国有化和市场化的比重,在保持国家对铁路行业绝对控制下实现合理限度的市场竞争,这是铁路改革与发展要谨守的立场和原则。

三、公共物品理论:铁路行业各环节的属性分析

关于铁路行业所提供的运输产品的属性,学界有不同观点,有人主张铁路运输产品属于公共物品或准公共物品,并以此作为铁路行业不能市场化的理由,而有的则认为铁路的客货运输服务具有很强的市场竞争性,完全不存在国有化或由政府提供的必要性,应当引入市场竞争,以此提升铁路运输产品的供给效能。世界银行较早注意到了交通运输行业在不同环节上提供的运输产品的差异性,根据排他性和竞争性的程度,根据提供产品的特性进行了划分,如图 1-1 所示。

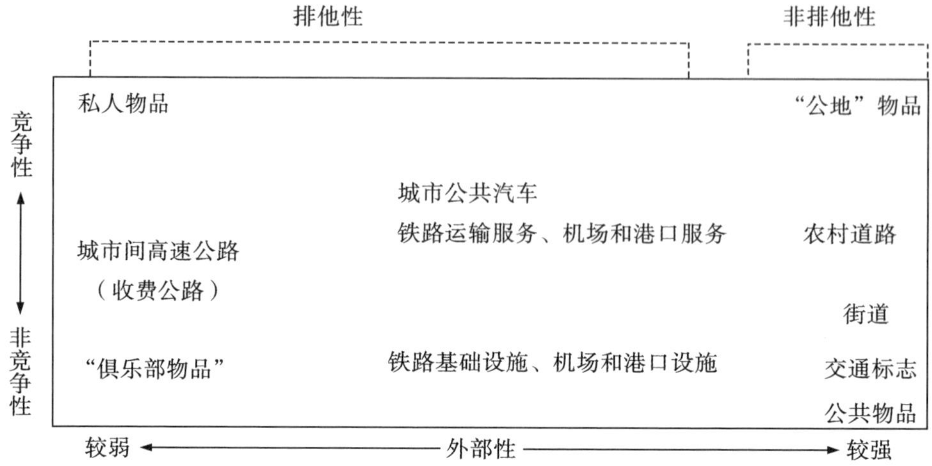

图 1-1　交通运输产品的经济特征区分

世界银行将铁路行业划分为基础设施和运输服务两大部分，尽管两者都具有不同程度的排他性，但运输服务的竞争性显然要强于基础设施，并由此强调，依靠市场力量、价格机制和自由竞争，可改善运输产品供给的品质和效率，以此进一步提出：由国家或有国家背景的企业来经营铁路基础设施，可达到最佳的生产供给效果；而在运输服务领域，可适当向市场开放，引入多元资本，激发运营主体的竞争活力。正是在此意见的主导下，“网运分离”“上下分离”等改革模式一度在欧洲风靡，成为多国铁路改革发展的首选。但要特别注意的是，交通运输业中普遍存在的“市场失灵”现象，很多时候是信息不对称造成的，尽管铁路行业在铁路客货运输和多种经营环节存在一定程度的可竞争性，但也很难做到像私人物品领域那样引入完全竞争。为了规避市场失灵，降低企业运营风险，更好地保持铁路的公共性和服务社会的职能，来自政府的保护和规制不可或缺，这是保障铁路行业正常运转的一块重要基石，如表 1-4 所示。

表 1-4　交通运输业中的公共物品属性对应关系

	排他性	非排他性
竞争性	私人物品：市场调控有效 如一般意义上的铁路、公路、水运、航空等运输类服务	公共资源：涉及对产权问题的界定 如城市道路
非竞争性	俱乐部物品：市场调控基本有效 如非拥挤时段的铁路线、支线铁路、支线航空、高速公路、桥梁；经济欠发达地区的车站、码头；列车上的空座	纯公共物品：产权界定成本高昂，市场失效 如农村道路、乡村公路、桥梁

根据表 1-4 中对公共物品属性的归类，不同运输方式的公共物品属性在程度上存在显著差异，即便是同一运输方式，不同线路、不同时段、地域和拥挤状态下的铁路，附着在运输产品上的公共性与私人性的“比例”也是不同的，呈现出公共性梯次减弱、市场性逐渐增强的趋势。其中，国家路网干线、国防线、国土开发线主要是基于国家利益和国土安全考虑进行的铁路建设，是为全社会提供无差别的公共物品，这类铁路的公共性和公益性最强，接近纯公共物品；区域性路网干线、地方铁路这类设施具有地方公共物品特性，而分布在经济发达地区的铁路干线、支线、企业专用线的公共性和公益性较弱，接近私人物品。

四、政府规制理论：铁路行业政企关系的耦合机制

政府规制理论在铁路行业的应用，主要聚焦政企关系的协调与适配，重点是在有效保障铁路公共性的前提下，完成好政府交付给铁路企业实现的社会职能。政府规制行为的有效实施，主要依赖于经济性规制与社会性规制的比重平衡，奉行的基本原则是通过大幅削减经济性规制，减少政府

对微观市场活动的干预，以推进“放管服”结构性改革为契机，大力促进政府转变职能、依法履职；积极创造与铁路行业的发展量级和规模相适应的现代化铁路运输企业，通过建立法人治理结构，完善现代公司治理体系，赋予其独立的市场竞争地位，激发企业的内生活力和造血机能，改变以往单向度依附政府供给资源的发展模式。① 政府与铁路运输企业之间既有宏观上的管制与被管制关系，又有微观经营上的委托—代理关系，政府既是管制者，又是铁路资产所有者和实际经营者；铁路企业的目标既有公益性，又有市场性，职责、目标和属性高度交叠，以及规制机构履职不力的现实，进一步加剧了政企关系的乱象。

政府对铁路行业的规制，就是政企关系逐步优化的反映。基于此，一方面，要加快政府职能转变，在“市场失灵”或不宜交由市场调控，需由政府进行宏观调控的领域，政府要积极主动作为，发挥好定向、激励、服务和保障作用；另一方面，要下更大气力创造与铁路发展规模和水平相匹配的现代铁路运输企业，使之拥有健全的法人治理结构、完善的现代公司治理体系、独立的市场主体地位、完善的自我造血机能，摆脱单方面附庸政府的局面，努力形成多个市场主体共同参与、平等协商的格局。

当前针对铁路行业的规制，基本要求是放松各种不合理、不必要的规制项目，将放松经济性规制作为推进铁路政企分开的发力点，加快政府职能转变，促进铁路企业成长，有效纾解政企关系困境，具体包括铁路运价规制、市场准入与退出规制、投融资规制、行业发展质量规制、公共信息规制等内容，在社会性规制上，尤其是一些关键领域和薄弱环节，政府的调控、规制、服务和保障作用，非但不能减弱，还要适当强化。② 为了鼓励和保障

① 参见刘宇：《改革开放四十年我国铁路行业的转型质效与深改探索：基于公共管理视角》，《华东经济管理》2018 年第 12 期。

② 参见戚聿东、范合君：《放松规制：中国垄断行业改革的方向》，《中国工业经济》2009 年第 4 期。

铁路行业正常履行社会职能，政府要针对铁路承担的公益运输服务建立常态的运价补贴机制，完善公益性补偿机制，保障铁路公共性和社会性职能的发挥。[①] 现阶段，我国政府对铁路行业的规制，应致力于从以下三个方面进行强化。

(一)体现铁路行业的公共属性，服务铁路运输的公益目标

相比其他交通运输方式，铁路承担的公共服务和社会职能最多，还肩负着协调产业布局、优化经济社会发展结构、推动区域协调发展的重任。在支援国家重点经济建设，增强抵御与应对自然灾害能力，加强国防安全，巩固国家政治统一等方面都发挥着极大的作用。由于政府不可能通过其他途径实现这些非经济目标，因此对企业施行规制就成为自然的政府行为选择。

(二)加强对具有自然垄断性质的铁路路网的控制权

铁路路网作用的有效发挥依赖于高度集中和统一管理的指挥调度系统。政府控制企业是在特定的转轨时期我国总体制度失灵下的应急反应，有一定的合理性和效率上的次优性。[②] 为实现规模经济效应，确保铁路路网正常运行，我国铁路长期维持政府独家控制的局面，以保持在优势领域的一定独占性。国家对铁路路网的独家控制显现出非常明显的自然垄断与行政垄断的痕迹，但在制度环境尚不完善，铁路运输企业、行业协会等相关主体发育不成熟、力量弱小的情况下，政府规制是弥补法律制度不足，提供安全保障的有效手段。

(三)主动适应铁路行业改革发展的强劲需求

铁路行业生产领域的一大典型特征是高度的专业化，以及资本、劳动

① 参见刘宇：《改革开放四十年我国铁路行业的转型质效与深改探索：基于公共管理视角》，《华东经济管理》2018 年第 12 期。

② 参见钱颖一：《第三种视角看企业的政府所有制：一种过渡性制度安排》，《经济导刊》2002 年第 5 期。

和信息上的高度密集化。针对铁路行业投资周期长、回报率低、资产专用性高、进出存在壁垒的特征，需要依靠政府的高信用度、连续性强的资金补贴和政策支持，尤其是在高铁被视为优先发展的国家战略新兴产业的背景下，国家希望铁路能更好地发挥对其他行业的牵引、促进、服务和保障作用，依靠政府在资金、政策、法规、人才等方面提供更加有效充分的规制，进而为铁路行业的改革发展注入不竭源泉和深化改革动力。

五、委托—代理理论：铁路交易成本的机理探析

铁路行业本身具有目标多重、职能多元、环节众多的技术特征，在既有的"条块关系"模式下，产生了多个层级的委托—代理关系，这种关系在铁道部存续时期，"政企合一"的传统体制下表现尤为突出，表现为：国家将管理铁路的权力委托给铁道部，由其代表民众实际行使对铁路生产、建设、经营和维护的权力，政府与铁道部之间形成了一层委托—代理关系；铁道部将铁路建设、生产和运营的指标细化分解，下派给 18 个地方铁路局，它们之间又形成了一层委托—代理关系。由于信息不对称和目标不一致，委托—代理关系越多、链条越长，出现代理人侵害委托人权益行为的概率就会越大。考虑到铁路行业的市场交易活动基本都发生在各铁路局的交界区域，超过 95%的客货运输属跨境业务，无法在一个铁路局管辖范围内独立完成，需组建一个专门机构负责协调，这就给代理人采取损害委托人权益的机会主义行为提供了可能①，致使代理行为违背委托人的授权意愿，增大了各环节的交易成本。

我国铁路行业本身存在多重的委托—代理关系，委托—代理链条较长，信息传递层次多。根据戈登·塔洛克的信息歪曲等级模型，信息会在

① 参见刘宇：《改革开放四十年我国铁路行业的转型质效与深改探索：基于公共管理视角》，《华东经济管理》2018 年第 12 期。

逐层传递中失真，出现不同程度的延迟、滞后，任务目标在向下传达和逐层分解的过程中，也极易发生扭曲和变形。委托代理的层级越多，意味着信息流量越大，监督成本也就越高，导致激励约束的作用弱化和机制软化，问责强度也会随着层级分散而弱化。对铁路行业而言，国家作为铁路所有者，是委托人，政府作为全体公民让渡权力，授权委托的行政机构，国家和政府都是委托人，多重委托人之间不可避免会存在多目标的内在冲突，加之委托人对代理人监管乏力的现实，会极大影响铁路行业的治理绩效，降低铁路行业的运营水准。

从交易成本和目标实现的效度看，委托代理理论还能为铁路行业选择何种改革重组模式提供借鉴和参考。在“网运分离”的模式下，路网公司作为一个自主经营的独立企业，常出于维护股东利益和短期财务指标的考虑而压缩资金投入，与委托人希望扩大路网投资、提供优良基础设施的要求相抵触，代理人的行为又很难时时处在有效监督下，造成代理人的“经纪人”动机溢出，可能采取有损委托人权益的“逆向选择”，从而危及铁路运输安全和路网建设质量。相较而言，目前来看，采用区域公司的模式可有效避免因产生新的组织结构而引发的利益冲突，通过组织机构的横向整合，提高路网设施和运输业务间的协同联动，最终实现铁路运输资源的最优配置和整体效益的最大化。

第二章　政企关系：透视中国铁路行业治理结构的学理角度

铁路行业治理结构有其内在逻辑与发展规律，在各个历史时期的演变历程中，政企关系的变化与调整发挥了至为关键的作用，是透视铁路行业治理结构的一条认知主线。从政企关系的视角进行学理透视，能够为理解铁路行业的过往，把握铁路发展的现状，前瞻铁路改革的未来，提供贯通式、一体化的分析视角。

第一节　政企关系的核心意涵

政企关系是政府与企业在市场联系、制度约束、公共服务供给、政策调控等方面相互联系和作用的结果，在空间上具有多样性，在时间上具有演化性，并会随着社会制度、历史时期、经济发展阶段的变迁而变化。这种关系的流变与转换，是贯穿政企关系演化历程的一条主脉络，也是铁路行业在新的发展起点上进一步全面深化改革的价值依归。

一、政企关系的内涵释义

政企关系，顾名思义就是用来解释和描述政府与企业之间关系的专有名词。在我国语境中,政企关系通常指中央政府与国有企业(国有企业是在党的十四大后确立的新提法,此前的称谓是“国营企业”)的关系,后期伴随中国特色社会主义市场经济体制的建立,国企改革的逐步深化,民营、私营企业等非公有制经济实体得到蓬勃发展,政企关系的内涵与外延不断丰富,牵涉的主体和对象也逐步拓展,不单专指政府与国企的关系,还包括代表政府的相关机构,以及政府授权委托的机构与各种类型企业之间的关系。

政企关系在任何国家都被高度重视,所涉及的领域基本都是关系国家发展战略、国民经济命脉、国计民生的重点和关键环节,是必须积极应对的重大公共政策议题。从政企关系涉及的主体看,政府作为国家代理人对经济社会活动进行管理,作为国家权力机关的执行机关,是国家公共行政权力的承载者和实际行为体,为促进作为市场竞争主体的企业成长搭建平台①;政府与企业作为两种角色定位和配置资源的基本力量,要维持动态平衡,并在一些重大论题上展开协调沟通和战略博弈,是促进经济社会发展,助力国家治理体系和治理能力现代化的“车之两轮”“鸟之双翼”。

如何理解政企关系?有学者提出,政府与企业间的关系是一国道德和政治情感的集中表达,但也不能过于恪守这种价值认知,那会牺牲经济和政治过程所必需的动力机制②,还要承认公共和私人部门的互动才是彼此的动力之源。实践中,政府干预企业的原因主要基于两种情况:一是市场失灵,出现难以依靠市场机制克服的天然缺陷,而且这种缺陷会产生违背人们意愿的结果;二是来自社会、政治和其他方面的原因。现实中大部分政府干预的出现都是基于第一种情况。政企关系的调整通常要与政府转型的进程相伴,一般说来,大体要经历先“破计划,建市场”,再“补市场失

① 参见彭向刚、周雪峰:《论新型政企关系下的政府规制:挑战与要求》,《学术研究》2016年第3期。

② 参见[美]理查德·雷恩:《政府与企业:比较视角下的美国政治经济体制》,何俊志译,复旦大学出版社2007年版,第57页。

灵”，最后“补政府失灵”的逻辑顺序。市场失灵的出现，表明了市场调节的自发性、盲目性和滞后性，会带来资源错配，引发垄断和不正当竞争，产生严重的信息不对称，干扰市场机制的作用发挥，需要在政府的科学引导下，发挥好政府“有形之手”的调控、监管和保障作用；同样，政府也并非万能，同样会产生以寻租、政治献金、政商勾结等为标志的“政府失灵”的一系列负面行为。为此，贯穿政企关系调整的一条价值主线就是明确界定好政府对企业干预的范围、幅度和行动尺度，找到那个最合适的中间点，以求达到政企关系调节的良性状态和有机平衡，如表 2-1 所示。

表 2-1　不同经济类型的政府干预内容比较

经济类型	干预范围	干预手段	干预目的	干预约束	干预与市场的关系	干预与信息的关系
计划经济	过大	计划与行政手段为主	国有企业			
垄断市场	行政长官、意志	排斥市场	缺乏透明度			
计划经济向市场经济转型	缩小	转变	向公平开放的市场转变	由长官意志向制度约束转变	开始对市场友善	适当增加透明度
市场经济	适度	经济与法律手段为主，辅之以必要的行政手段	构建形成公平、开放的市场格局	制度约束	排斥市场与友善相结合	公开信息

资料来源：根据王绍光、胡鞍钢所著的《中国国家能力报告》有关资料整理而成。

本书所指涉的政企关系，特指铁路行业中代表行政力量的行政机关与铁路企业之间的关系形态。政企关系贯穿铁路行业改革发展始终，是首先要界定与回应的理论基础性命题,对政企关系所秉持的态度往往决定着铁路行业发展的政策导向,引导着铁路改革的走向,也会深度嵌入到铁路行业规范化、专业化和法治化的治理进程中。政企分开是我国铁路行业在长期的改革发展中所追求的一种状态,也是在新时代形势任务下,中国铁路行业深化改革与善治的目标归宿。

二、政企关系的类型划分

政企关系是各国经济社会发展阶段的真实反映,与国家发展的脉动深度融合,在不同国家、不同社会经济政策和不同发展阶段呈现出差异化的表现形态。政企关系是一个世界性问题,也是每个国家在加速经济发展,推进社会转型,特别是推进像铁路这类的垄断行业改革的进程中必然回应和解答的一个重大课题。政企关系讨论的核心是政府与企业在计划经济体制和市场经济体制下的角色扮演、职能行使、权责边界和耦合机制。在我国的研究传统和话语体系下,政企关系专指政府与国营(国有)企业的关系①,政府既是企业资本的投资者,也是宏观调控的主体,企业是市场经济的主体,二者有共同的目标追求,这是彼此产生紧密关联的内在基础,同时又有各自无法替代的分工,因此要对双方的职能边界进行严格限定,避免相互侵入和干预。政府与企业的关系不应该被形塑为管制和反管制的逆向博弈关系,而应致力于形成一种相互依赖、良性竞争的合作伙伴关系。健康的政企关系需要以规范的法治环境和刚性的制度约束为基础,即政企双方基于明确的道德底线和法律准绳,各自承担对应的责任和义务。

在政企关系的类型划分上,日本学者青木昌彦、奥野正宽将其划分为权威关系型、关系依存型和规则依存型,分别用来描述高度集权型政府、政

---

① 党的十四大前一般都是国营企业的提法,党的十四大正式提出建立社会主义市场经济,国有企业的说法被正式提出,以此代替此前“国营企业”的表述。

策管理型政府和法治型政府。① 傅金鹏、方敏将政企关系模式概括为直接管制型、间接引导型、协作互助型。② 潘石、莫衔指出，政企关系的演进所体现的由一般到特殊，再从特殊到复杂的演化，正是作为企业投资者的政府参与二重性，即政府的公共利益性和自身利益性不断外化的过程。③ 在计划经济体制下，企业作为被政府控制和管理的对象，政府与企业的关系从类型上看更像是“父与子”的关系，政府惯常借助行政指令，依靠行政体系对企业的生产经营活动进行直接干预和高度管制，企业不具备独立自主的市场主体地位，只能被动依附政府提供的生产指标，一切资源由政府给付，财政收入也来自政府的二次分配，体现了高强度的政府管制力和孱弱的企业自主生存能力。目前，除了“父子式关系”外，在全球范围内还存在三种类别的政企关系：一是美国式的警民关系，政府进行少量管理；二是日本式的朋友关系，政府的服务性功能强大；三是德国式的仲裁关系，由政府对企业的行为作出评判。

我国政企关系的演化具有较明显的以政策优化为导向的特征，这一点基本贯穿政企关系调整的始终。新中国成立以来，伴随国家发展和经济社会转型的重大变迁，政企关系经历了由计划经济到市场经济的重大转变，阶段性与因时、因政策而变的特征明显。改革开放前，处在计划经济模式下的政企关系，实行高度集中的经济管理机制，无论生产、经营还是资源分配，政府的势力和影响全面进入企业各个环节，全能型政府导致企业的主体身份缺失，职能发挥式微，沦为政府的“附庸”和行政指令的执行者。改革开放后，我国政企关系的调整逐步开始强调政府与企业的合理分工及企

① 参见[日]青木昌彦、奥野正宽编著：《经济体制的比较制度分析》，魏加宁等译，中国发展出版社 1999 年版，第 23—23 页。

② 参见傅金鹏、方敏：《政企关系模式的演进》，《兰州学刊》2004 年第 1 期。

③ 参见潘石、莫衔：《政企关系问题的本质：政府参与二重性的外化》，《长白学刊》2005 年第 1 期。

业经营自主权的扩大。[1] 1993年,党的十四届三中全会提出建立适应市场经济和社会化大生产要求的、产权清晰、权责明确、政企分开和管理科学的现代企业制度,公司化和市场化一时间蔚然成风;党的十六大明确提出了经济体制改革是全面深化改革的重点,核心问题是处理好政府和市场的关系,使市场在资源配置中起基础性作用和更好地发挥政府作用;与此同时,民营企业得到快速发展,在经济社会中的分量大幅提升,成为政企关系领域新的研究对象。党的十八届三中全会强调要让市场在资源配置中起决定性作用,释放出国家进一步推进经济体制转型和结构调整的明确信号,市场作用由“基础性”向“决定性”的转变,透露出形塑新型政企关系的发展趋势,这也是新一轮国家发展中要首先作出回应并着力解决的根本性问题。

三、政企关系的转换形态

政企关系从其转换形态上看,通常以政企不分和政企分开的两个极端状态作为两个端点,在端点的中间地带存在着政企合一、政企分离等过渡状态。政企关系在不同形态之间转换的主要依据是基于政府和企业的力量对比,以及在不同时期的国家发展阶段和不同经济社会体制下的综合考量,它们彼此间的关系组合就形成了各异的政企关系形态。如果政府是无所不包、无处不在的全能政府形态,干预企业微观的生产经营活动,履行行政管理和企业管理的双重职责,这是计划经济体制全能国家下的产物,政府对企业施行高度统一、严格管理、严密管控,直接指导企业的生产经营活动,下发任务指标,企业不直接面向市场,而是面向政府承接生产任务,完成后也不负责产品的销售和利润的再分配,将所得收入全部上缴政府,由政府进行财政清算和二次分配,分配所得才是企业的生产经营收入。在这

① 参见彭向刚、周雪峰:《论新型政企关系下的政府规制:挑战与要求》,《学术研究》2016年第3期。

种模式下，企业没有任何资源调配权、话语权和决策权，仅是政府行政指令的执行者，企业的成长和发育程度直接受到政府管控，显然不是独立的市场竞争主体，这种“强政府—弱企业”的模式就是政企不分的典型表现。还有另外一种情形，政府与企业职能双缺，政府缺乏强有力的组织动员、政策保障、资源调配的能力，无法为企业的发展创造良好稳定的经营秩序和外部环境，造成政府与企业间缺乏明确的功能区隔和边界划分，两者都处于混乱、无序、失控的状态，政府和企业也都不具备有效的驾驭力和控制力，呈现出“政企合一”下职权混杂、职责交叉的局面。这一类型的政企关系较常出现在一些第三世界的发展中国家，通常表现为国家政治动荡，经济发展停滞，政府陷于停摆，企业生存困难，社会濒临崩溃。由政企不分到政企分开，中间还要经历政企分离的发展阶段，这在政府与企业的组合上多表现为“弱政府—强企业”的搭配。一般来说，这类政府弱小往往是因主动授权，向企业下放核心权力的有意为之，并非真正的弱小无能，而是通过权力让渡，赋予企业更大的灵活性、自由度和决策权，增强企业发展的活力和独立面对市场的竞争力，由此促进政企关系的适度分离，是由政企合一到政企分开的中间状态。从域外国家的发展经验看，这一状态既非常重要，也不可或缺，几乎是政企关系发展过程中的必经阶段。

政企合一的另一种表现形态是政企不分，政府与企业两者权责高度交织叠加，在“全能政府”的价值主导下，政府通过掌握企业的党政、人事、财政等核心权力，实现对企业的权力渗透和全面掌控。王俊豪对自然垄断行业政企不分的表现特征进行了梳理，包括：企业由政府建立，企业管理层由政府任命；企业资金由政府划拨；企业产品价格由政府主管部门（规制机构）制定；企业经营的盈利、亏损由政府统一负责，企业不直接承担经营风险。[1] 在政企不分的模式下,政府既当制定规则、负责仲裁的“裁判员”,又当上场比赛的“运动员”,两种完全应由不同主体履行的职责高度集成在政府身上,极易使政府沦为以公权谋私权的工具,政府与企业存在较严重的恶性争利现象,两者在责权利的关系界定和比重分配上明显失衡,暴露出较明显的制度性缺陷。政府与企业权责交叉,没有清晰的权责界定,极易出现权力运行的失范和无序,表现为:政府是企业的目标确立者和企业的决策机构,传导、反馈、处理信息的载体不是依据市场价格,而是行政指令;企业的激励也不完全是追求经济效益的最大化,由于企业的高层管理者多是政府指派或任命的,很多的企业决策不同程度都带有行政意味的考量,甚至更加强调企业管理者的政治利益。

政企分开是政企关系调适的一种理想状态,意味着政企双方职能法定、各司其职,双方在市场化、规范化、法治化的制度约束和发展环境下,表明相关主体的各要素与职能配属关系都已落定就位,是政企协同高效、相互支持、默契配合的良性运作模式。政府与企业之间的互动处在健康有序、和谐共存的状态之中,是政企双方治理都达致的一种良性发展格局,如图 2-1 所示。

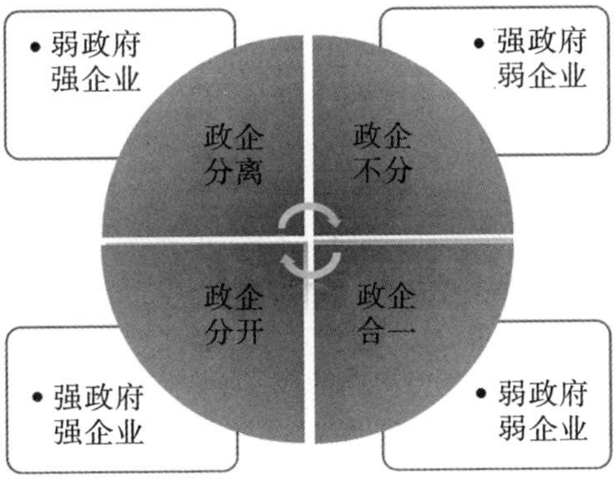

图 2-1 政府与企业力量对比下的政企关系形态

① 参见王俊豪:《论深化中国垄断行业改革的政策思路》,《中国行政管理》2009 年第 9 期。

四、影响政企关系的要素构成

根据政企关系关联的主体和指向，大体可将影响政企关系转换的因素分为内生变量和外源因素。从内生变量上看，主要针对政企关系中的两大核心主体——政府与企业两者的发育程度，履职能力强弱和力量对比状况，这些要素直接影响政企关系的调整进度和转换形态，具体表现在：政府的全能程度和对企业的实际控制力，企业自身的发育程度和对政府的依附程度。从外源因素上看，主要包括国家的顶层设计、政策规定，市场机制的反馈和影响，行业发育程度，以及社会和公众的意愿，这些因素都会以输入性的方式对政企关系产生影响。相比而言，国家层面的制度设计应是执行力度最强、见效时间最快的，市场、公众和行业的发展水平对政企关系的影响往往都需要较长时间的沉淀和积累，显然不及自上而下的政策规定那般直接，但能对政企关系的转换产生持久性、实质性影响，如图 2-2 所示。

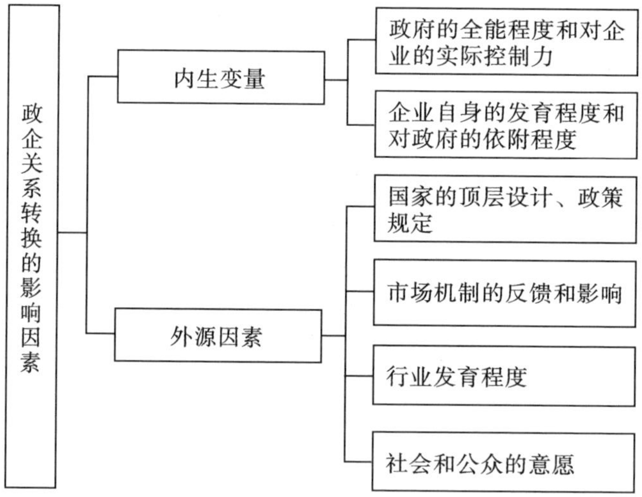

图 2-2　影响政企关系转换的内生与外源因素

推进政企分开既是国企改革的首要命题,也是深化铁路行业改革与发展,构建和完善铁路行业治理结构的价值前提和关键保障。政企关系是我国国有企业改革、建设现代公司制度和法人治理结构的价值前提和关键要素,尤其是铁路行业这类处在国家管制下的公用领域,政企关系转换的程度和方向深度关联铁路行业的发展趋向和治理样貌。从以往政企关系与铁路行业两者间的耦合演化看就体现得非常明显,在政企合一的模式下,铁路行业形成了一个体制自供、自给自足的封闭结构,在“行业办社会”的模式下,基本做到了“万事不求人”,也由此进一步加固了政企不分的传统和韧性,形成了一大批既得利益群体。

当前和今后一个时期,铁路行业进一步深化改革发展的首要问题就是推进彻底、系统、深层次的政企分开,最根本的就是破除利益樊篱,打破体制坚冰,实现全领域、全要素的改良调整,特别是在政府主动转变职能,通过简政放权、优化服务的方式向下授权,加快现代企业制度和公司制改革的浪潮中,铁路企业对上承接政府授权的能力就显得至关重要,双方都要积极适应角色转换和力量对比变化,在重大窗口机遇期,铁路行业的深化改革有望乘势而上,用好国家赋予的政策红利,固化改革成果,形成定型、可推广的成熟改革经验。

第二节　政企关系转型发展的历史沿革

政企关系既是国家经济社会发展的生动映射,也在关系转换中鲜明地烙印着时代的痕迹。我国政企关系的变迁轨迹大体与从计划经济体制到市场经济体制转变,再到构建中国特色社会主义市场经济的脉络相似,背后隐含的规律是更加强调企业的市场主体地位,更加注重充分发挥市场在配置资源中的决定性作用。政府、市场和企业三方主体的关系演化,由此形成了不同形态的政企关系。

“政企合一”意味着政府与企业的关系非常简单，政府直接向企业下达行政指令，划拨生产指标，企业不具备独立的主体身份和生存空间，无论是对市场还是对政府，企业都无法建立有效的反馈机制，即便主观上有意愿，也因缺乏规范的表达机制而湮没在行政力量和官僚体系中。在此境遇下，企业在生产经营中输出的产品也是政府操控的产物，既不与市场发生任何直接联系，也不存在面向市场的正常反馈和成果转化。

“政企分离”意味着以往政府与企业高度合一，企业的职能完全被政府覆盖、内化的情况开始得到改变，企业被动依附政府的畸形状态也趋于改变，政府与企业之间开始出现一定限度的职能确定和边界划分。尽管在权责划分上尚无法做到泾渭分明，还有一定程度的交叉重叠，但企业作为独立个体的身份开始得到承认，政府开始接受来自企业的反馈，企业对外输出的成果也不仅限于政府指派，还有在供求关系、价值规律和市场偏好的影响下自主生产的部分产品，企业的生产经营活动开始受到政府与市场的双重影响，这些都是政企关系调整过渡期的典型特征。

“政企分开”是政企关系调整转换的理想状态，标志着政府与企业之间已经形成了一整套系统完备、运行顺畅、逻辑自洽的运作模式。从形态上看，两者各自独立，但又保持着紧密的双向反馈和互动机制，政府的职能更多地体现在服务、保障、监管等职能的承担，实施更加有效的宏观调控，采取的手段也更为柔性、温和，更加推崇市场化、专业化，企业对市场指令和消费群体意见的接纳也更趋常态化，政府和消费者的意见都被企业纳入，成为企业生产经营的重要风向标，尤其是市场的偏好开始成为影响政府宏观经济政策的主要依据和企业经营行为的第一选择，如图 2-3 所示。

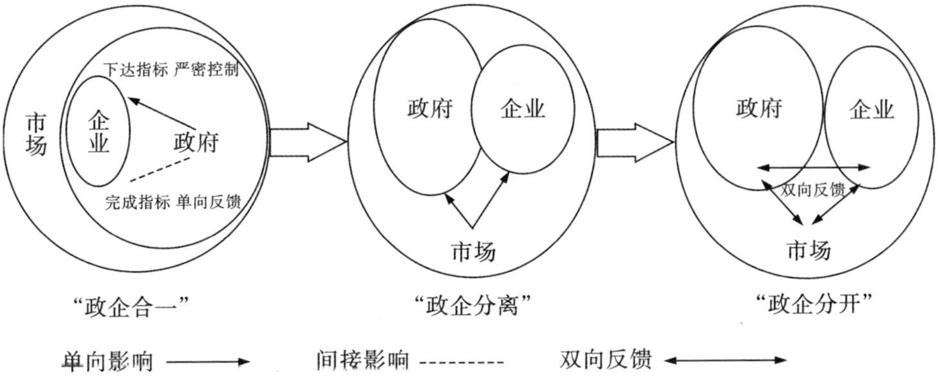

图 2-3 不同形态下的政府、企业与市场的关系对比

自 1949 年中华人民共和国成立以来,我国政企关系经历了复杂的演化过程,围绕政府、企业、市场三个主体要素的博弈、协调和制衡,政企关系的转换调整走过了漫长的发展历程,总的趋势是由严密控制、高度集权的"政企合一"状态向政府与企业边界分明、职能厘定、各归其位的"政企分开"状态演化。回溯政企关系的历史沿革,大体可分为五个阶段。

一、计划经济体制下"高度管制型"的政企关系

新中国成立至改革开放前的这 30 年(1949—1978 年),参照苏联模式,我国建立并实施的是国家包办、高度管制、定额分配的计划经济体制,又称"指令型经济"。这种体制不仅决定了经济社会的运行模式和百姓的生活方式,对社会公众也产生了深远持久的心理影响,计划经济体制本身也是一种意识形态,公众在心理上甚至已经理所当然地接受了这一体制,这种心理影响造成的直接后果就是改革的权威性遭到削弱,合法性资源匮乏,计划经济体制所带来的中央高度集权,也使得权力和资源不断向政府和中

央集中，社会组织和地方政府缺乏与中央政府进行有效交涉和对话的基本资源。①

与计划经济体制相适应的这种“高度管制型”政企关系，典型特征就是国家对企业的严格管制和统一管理，政府与企业之间形成了严密的行政隶属关系，政府与企业间的行为机制以命令机制为驱动力，通常表现为以政代企、政企合一。政府动用行政力量，直接参与甚至控制企业的生产经营活动，比如，确定企业领导层和组织架构，制定企业发展规划，直接下达计划指令，明确企业经营范围，甚至生产产品的决定权也归于政府。在“全能型政府”模式下，高强度的行为管制体现为全面的等级控制和分级的目标管理，用行政手段调节生产、分配投入、规定价格，政府的控制力无所不包、无处不在、无时不有。政府在与企业的力量对比中处于绝对强势的地位，依托行政力量，以行政指令的方式控制企业，使企业内化为政府的一部分，企业的生产经营活动被看作对政府行政指令的执行，是政府行政职能的延伸，无论是政策性资源还是市场性资源，企业都无法自主控制和使用，只能依靠政府的统一把持和调配。换言之，在“政企合一”的状态下，企业因为没有独立自主的地位，自身的力量微乎其微，既不掌握生产经营、资源调配的核心权力，又不能以独立自主的身份参与市场竞争，从市场中获得独立收入，只能单方面依靠政府的资源拨付，单向度依赖政府下达的生产指标。而与之相反，政府对企业的影响力、控制力和支配力基本实现了全覆盖，发挥的作用也是决定性和压倒性的，体现在政府独家垄断了企业生产经营所依赖的核心资源的获取、调拨和使用，直接干预企业的生产经营，向企业下达指标，提供生产原材料，企业获取收入后再统一上缴政府，由政府按照制定好的财务模式进行清算后，再按照一定比例下拨给企业，以此维持和保

① 参见王锡锌：《公众参与和中国法治变革的动力模式》，《法学家》2008年第6期。

障政府对企业生产经营活动的事实控制。

"高度管制型"模式是在新中国成立初期建立并长期沿用的政企关系模式,特别是在与国家关系密切的行业,基本是普遍适用的状态。国家对国有企业采取直接下达指令性计划的管理方式,中央部门按计划向大型国有企业提供其所需的生产资料。这种模式曾较好地适应了新中国成立初期迅速恢复国民经济、集中力量办大事的内在要求。在财务上,国家对国有企业实行统收统支,企业的利润和折旧基金全部上缴[①],政府与企业的关系表现为政府通过行政指令、依靠行政力量对企业施行全方位的直接管理,企业只需完成政府下达的任务指标即可,致使企业沦为政府的附庸,不具备独立的决策权,只能无条件服从政府管理,政企之间形成的是管理与被管理、下达指令与接受服从的关系。这一阶段的国有企业在各个环节都高度依赖于政府,不是独立自主的市场主体,不直接面向市场竞争,也无须承担任何经营风险,企业所能做的就是按照政府的要求进行生产和销售,由此造成企业丧失改进技术、提高效益和工作效率的主动性和原动力,出现了粗制滥造、资源浪费、不计成本等一系列问题,加剧了企业和政府间的矛盾。

政府对企业实行以行政手段为主的管理方式,具体表现在:企业的产权制度单一所有,国家对企业的决策权、监督权和剩余控制权高度集中于行政实体,这一实体就是中央和地方政府。二者间形成了"三合一"的特殊产权结构,即政府的行政职能和所有者职能合一;所有权与经营权合一;国有资产管理者和法人财产运用者的职能合一。[②] 指挥企业进行生产经营的并非市场指令,而是行政信号,企业的经济地位和动力机制趋于行政化。

---

① 参见冯华、任少飞:《有效政府与有效市场:改革历程中的政企关系回顾与前瞻》,《山东社会科学》2007 年第 7 期。

② 参见张晖明、袁志刚、华民:《现代企业制度纵横谈》,复旦大学出版社 1994 年版,第 17—18 页。

尽管这种“政企合一”的模式在特定阶段既能够发挥集中力量办大事和政策动员能力强的优势，可在短时间内集聚资源，快速恢复和发展国民经济，维护国家政治安全和政权稳定，也能方便国家控制像铁路这类事关国家安全的重要公共基础设施，但并不具有可持续性，且随着模式存续的延长，内在弊端也得以充分暴露，日益成为行业发展的累赘，主要体现在以下方面。第一，严重抑制企业的主观能动性和创造性。政府用计划指令的方式全面介入企业生产经营的各环节，粗暴干涉企业的正常运营，致使企业只拥有生产功能，经营和投资的功能全无，企业的经营活力和市场主体地位受到极大挫伤，企业与政府间的关系异化、角色错位。第二，造成资源的巨大浪费。政府是资源配置的主体，以严格控制企业产量和社会消费的方式决定资源配置，而非以市场价格机制促进资源的自由流动，造成资源的占有成本、流动成本和使用成本过高。[①] 第三，行政效率低下。政府直接管理企业，微观事务众多，造成机构庞杂、部门林立、人浮于事，容易滋生官僚主义和形式主义，政府的自身形象和行政效率也会受到极大伤害。可见，这一时期的政企关系作为计划经济时期的产物，它的产生与运行都自有一套逻辑，带有强烈的计划主义色彩和行政指令意味，是“强政府、弱企业”下政府高度规制，企业缺乏独立性和竞争性的真实写照，反映的是以政府为本位与中心的单向度关系，政府通过计划直接作用于企业，甚至把企业内化为政府的一部分，严重漠视企业的独立性及其运行规律，这种关系的存续只能导致政府效率的低下、企业活力的丧失以及政府与企业职能的严重错位和职责倒挂。

二、改革开放初期“间接引导型”的政企关系

20 世纪 70 年代后，特别是伴随改革开放进程的正式启动，理论界和实

① 参见傅金鹏、方敏：《政企关系：模式的演进》，《兰州学刊》2004 年第 1 期。

务界在政企关系的认知上迎来新发展。在古典自由主义倡导的“小政府”和积极自由主义推崇的“大政府”相继失灵后,以新自由主义和探寻“第三条道路”的理论学说开始风靡,成为此时期政企关系新一轮调整的主要理论支撑。其间,以里根和撒切尔两位领导人在美国和英国分别主导的改革为典型标志,体现出政府放松规制,通过精简机构、转变职能推进私有化和市场化的发展趋势,更加强调政府作为公共产品和公共服务提供者的作用发挥,以政策、法规的方式规范政府履职的场域,防范对企业经营行为的侵犯和僭越,以求在自由放任和政府干预间保持适度的平衡,形成市场机制与政府力量的相辅相成,它不以更多或更少为裁量依据,而是以更好、更合适作为评判标准,以肯定市场价值,崇尚地方分权和低赋税政策,要求政府解除管制为价值旨归。① 英国社会学家安东尼·吉登斯将其总结为“第三条道路”,主张这是当代西方唯一可行的面向21世纪的政治哲学或理论。②

受国外改革思潮的影响,党的十一届三中全会召开并重新确立了以经济建设为中心的发展战略,特别是1993年党的十四届三中全会审议通过了《中共中央关于建立社会主义市场经济体制若干问题的决定》,制定了建立社会主义市场经济体制的总体规划,标志着政企关系的调整走到了一个新的拐点。正如亨廷顿把稳定视为发展中国家政治现代化的目标,政府通常都只能接受稳妥、渐进的改革方案,而渐进的改革方式,也在我国政企关系改革的第一次浪潮中得到了充分体现,改革中还产生了“双轨体制”,这种体制并不是新旧体制并存的延续,而是一种体制外全新的“增量体制”,虽不是渐进改革过程本身所自然生成的,却是渐进改革的一个普遍特征。③

---

① 参见[英]安东尼·吉登斯:《第三条道路:社会民主主义的复兴》,郑戈译,北京大学出版社2000年版,第11页。

② 参见[英]安东尼·吉登斯:《第三条道路:社会民主主义的复兴》,郑戈译,商务印书馆2024年版。

③ 参见孙关宏、胡雨春、陈周旺主编:《政府与企业:政治学视野中的中国政企关系改革》,江西人民出版社2002年版,第52—53页。

政企关系的第一次改革浪潮增强了企业的实力和后劲，创造了更加宽松自主的政策环境，为后续的改革调整奠定了基础。

政企关系作为经济社会发展的投射，也在由高度管制向间接引导转变的过程中呈现出一些新特点：首先，政府开始担当宏观调控的主体，逐渐从微观事务中退出，注重通过间接的政策引导、资源调控、法律规制等方式对企业行为施加影响，以履行为市场经济发展提供良好外部环境和经营秩序的职能；其次，市场是政府作用于企业的纽带，市场的运行状况会对政府形成积极反馈，市场在资源配置中的地位不断提升，来自市场的反应成为企业生产经营活动的重要依据；最后，企业开始建立现代企业制度，建设公司法人治理结构，在目标函数中增加了企业效益和市场利润指标，企业自身的决策权、话语权和自主权明显增强，与政府间有了形成平等合作关系的初步迹象。

总体而言，这轮政企关系的调整是以政府自上而下放权让予企业自主空间的方式进行的，从表现形态上看是一种基于单向度权力的简单位移，由于缺乏必要的权力制衡和约束机制，容易陷入“一放就乱，一收就死”的怪圈。当然，在当时特定的语境下，这种关系的变迁也是时代发展的产物，烙印着鲜明的时代特征，在由计划经济向市场经济转轨的过程中较充分地保障了企业的独立自主和资源的高效利用，有助于促进行政运行效率的提升，如图 2-4 所示。

图 2-4 “间接引导型”模式下政府、市场与企业的关系

三、体制转轨期"统分结合型"的政企关系

体制转轨期的政企关系呈现出相互依赖、合作共生的形态,当产业转型成为政府和企业经营者的共同目标时,政府官员与企业经营者之间的互动合作就变得十分必要,甚至有人形象地将其比喻为"政府种草、企业养牛"。这一阶段政企关系的调整的标志性事件是党的十四大明确提出"我国经济体制改革的目标是建立社会主义市场经济体制",加快经济体制改革的步伐和配套设施建设。政策调整的背后反映出国家开始重新审视,科学把握政府与市场、计划与市场的关系。1992 年,邓小平在南方谈话中指出:"计划经济不等于社会主义,资本主义也有计划;市场经济不等于资本主义,社会主义也有市场。计划和市场都是经济手段。"[①]这一重要论断突破了将计划经济与社会主义相挂钩的认知藩篱,极大解放了人们的思想,摆脱了对于改革推进的束缚,成为建设有中国特色的社会主义市场经济和现代企业制度的重要理论依据。1993 年 11 月,党的十四届三中全会提出了"以公有制为主体的现代企业制度是社会主义市场经济的基础""建设现代企业制度"的改革目标,由此拉开了新一轮国企改革的序幕。随后一个时期,国企改革声势浩大,各地国有企业纷纷以建立"产权清晰、权责明确、政企分开、管理科学"的现代企业制度为目标任务,以增强企业经营活力,培育自主经营、自负盈亏、自我发展的法人实体为发展要求,有力推进了国有企业的强基提质和改革跃迁。

此轮政企关系调整的基本思路是,以把企业推向市场为导向,以转换企业经营机制为目标,以贯彻落实《企业法》为途径,以进一步深化国有大中型

① 《中国共产党第十四次全国代表大会文件汇编》,人民出版社 1992 年版,第 21 页。

企业改革为重点。[①] 包括电信、电力、航空等具有重要垄断地位和公共服务性质的大型国有独资机构的改革被提上日程，希望通过转变政府职能、促进企业成长、理顺产权关系等方式，实现政企分开，为全面深化政企关系的优化调整打开一个突破口。在这一阶段的改革中，政府和国有企业之间的行政隶属关系逐渐淡化，双方都开始按照各自的发展逻辑和价值追求进行活动，国有企业初步建立起现代意义上的公司治理结构，成为以盈利为导向的经济活动的主体；政府按照市场经济规律，作为企业出资人管理国有企业的职能逐步形成，政府和国有企业之间的行政隶属关系被打破。[②] 业内很多专家也将这轮政企关系的深度调整看作是改革里程碑式的阶段。

在企业逐渐脱离政府控制，两者由紧密型向松散型方向转变的过程中，由于政企双方职能的不断分化，政府对企业的干预需要依托"国资委—资产管理公司监事会—企业董事会"等相关机构，来削弱政府对企业的行政干预，使政府行政权力的行使受到必要限制，但这并没有改变政府作为国有资产代表的本质，而是将这一属性融汇到企业中，促进了政企之间的良性互动。可见，职能的分离只是相对而言，分是相对的，合则是绝对的，并非完全隔绝，建构起的是一种有分有合的新型关系。建设社会主义市场经济体制的关键是建立现代企业制度，核心是更好地发挥市场在资源配置中的基础性作用，改变以往企业的生产经营活动几乎全部由政府包办，政府独家垄断企业发展资源的权力配置模式，逐步通过调整政府与企业的关系，有计划、有步骤地推进政企关系的优化，逐步实现由计划经济向市场经济的转变，这不仅是经济体制领域的重大改革，也是对当时中国社会发展形态和转型质效的一次重大检验。在市场经济体制下，政府与企业的关系

---

① 参见孙关宏、胡雨春、陈周旺主编：《政府与企业：政治学视野中的中国政企关系改革》，江西人民出版社 2002 年版，第 53 页。

② 参见吕峻：《新形势下政企关系分析》，经济管理出版社 2017 年版，第 12—14 页。

要实现根本性重塑,一方面,政府发挥作用的领域要限缩,范围要明确,职能要聚焦,更多地侧重于提供公共产品、公共服务,做好服务、监督、保障和各类制度的创设工作,为企业营造良好的营商环境,消除壁垒和歧视性待遇,使企业能够心无旁骛地安心谋发展;另一方面,企业作为市场经营活动第一参与者的角色要强化,在资产关系上,政府与企业是平等的民事主体,企业作为独立自主的市场主体,应该享有完整的市场权力,承担与其权相适应的责任和义务,同时把企业从为政府承担行政管理和社会服务的职能中解脱出来,按照现代企业制度和公司治理的模式运营,避免在权利和资源上继续依附行政机关。因此,这一时期政企关系调整的重点就是改变以政代企、政企不分的现象,推进政资职能分开和政企职责分开。

在体制转轨期的政企关系调整中,最具标志性的事件就是我国国有企业改革的正式启动,改革明确了以建立适应市场经济要求的现代企业制度,与社会主义市场经济体制相适应的基本目标,由聚焦分配关系开始向优化产权制度转变。国企改革中一个非常重要的部分就是围绕政企关系调整所进行的制度性安排,政府与企业在微观层次的完全分离只适合非国有企业,并不适合国有企业,国有企业不可能完全与政府分离,而只能实现与政府一定程度的分开。[①] 这造成两者间呈现出的是一种既分又合、合分统一的状态,以实现政府所有权职能与行政职能分离,国有资产管理与经营职能分离,注重建设现代企业制度的"深圳模式"成为"统分结合型"政企关系的典型代表。"深圳模式"最鲜明的特征是致力于实现专业管理和各司其职,谋求政府与企业的良性互动,形成了"国有资产监督管理委员会—国有资产经营公司—生产企业"三级角色明确、职能分化、独立平等的契约关系。国资委是专门管理国有资产的政府部门,国有资产经营公司是专门

---

① 参见周明生:《关于政企分开问题的深层思考》,《江苏社会科学》1995 年第 5 期。

进行国有资产运营的企业，生产企业则专门负责具体的生产经营活动，这是它与传统的“政府主管部门—生产企业”政企关系图式的本质区别。也正是因为国资委的出现，国有资产的资金安全和保值增值得到有效保障，国企的内在活力和经营动力被充分激发，经营绩效显著提升，使得政府认识到这种模式不仅完全可行，而且效果突出，逐步由一地的试点开始向全国推广。

四、改革深化期“寻求平衡型”的政企关系

进入21世纪，政企关系的调整开始进入活跃期，尤其是自2002年党的十六大召开后，国企发展受到国家高层的关注和重视，改革的深度和力度进一步加大。这一阶段的国企改革主要沿着三个路径向前推进：一是为适应建立现代企业制度的需要，将一些符合条件的国有企业适时改造成股份有限公司和有限责任公司，明确提出了建立“归属清晰、权责明确、保护严格、流转顺畅”的现代产权制度的改革目标。二是为加强国有资产的管理和使用，成立国资委，在职责上明确了履行国家对国企实际出资人的权利，监督管理国企管理和资产经营，避免国有资产流失，实现保值增值。国资委的成立不局限于对国有资产管理体制的一次重大优化，还涉及政治体制改革和政府职能转型。三是国企改革与资本市场的改革呈现同步推进的态势，国有企业治理结构在现代企业制度建立的进程中趋于完善。国有企业在公司法人治理结构的建设上取得了一定进步，表现在出资人和被投资主体的产权纽带关系得到进一步改善，但随着这一时期政府经济职能的扩张和强化，政府对各类经济活动主体特别是国企的干预并未减弱，反而还呈现出一定的收紧态势。

经济学家阿特金森和斯蒂格利茨将政府的职能归纳为：财富的公平分

配，纠正市场失灵，解决外部效应，提供公共物品，提供社会的有益需求。[①] 斯蒂格利茨还进一步指出，经济环境变化从根本上改变了政府所能做的和应该做的事情。政府职能的转变不仅表现在强调调整政府对市场、政府对企业干预的程度和范围，还包含对其职能行使和行为模式的全方位界定，寻求经济领域中市场调节和政府干预的最佳平衡点[②]，以便能够更加充分地发挥政府的服务、支持、规制和保障的作用，更加有效地培育企业的市场主体地位，激发企业参与市场竞争的主体功能。此时期政企关系的优化就深受“有限政府模式”的影响，力主构建超越和突破单纯的“小政府”“大政府”之外的“有限政府模式”，强调政府有所为，更要有所不为，加强对政府行为的刚性约束，防止政府在履职中越位、缺位和错位，实现政府与市场的优势互补。在此期间，从中央到地方进行了多轮次的行政机构改革，致力于精简公共机构，整合相关职能，加快政府职能转型，适度放权给市场和社会组织等，矫治以往政府垄断企业发展资源，直接插手干预企业经营活动，造成企业没有自主权，不对经营绩效负责的乱象。政府通过主动授权和下放权力的方式，为企业参与市场竞争，提高经营绩效创造条件，推动了政企双方在权责明确的相互配合中共同成长进步，谋求相对的平衡状态。

五、深度转型期“协作互助型”的政企关系

透视我国政府职能转变与企业发展壮大的二元关系变迁演化的历史，政府与企业的关系演进呈现出不同以往的新特点。一是政府与市场间不是非此即彼的关系，而是相互依赖、相互支持的关系，市场作用的发挥离不开政府通过行政手段施加的影响，政府行使对经济的管理和保障职能则必

---

① 参见[美]安东尼·B. 阿特金森、约瑟夫·E. 斯蒂格利茨：《公共经济学》，蔡江南等译，上海三联书店、上海人民出版社 1994 年版，第 3 页。

② 参见孙关宏、胡雨春、陈周旺主编：《政府与企业：政治学视野中的中国政企关系改革》，江西人民出版社 2002 年版，第 127 页。

须服从或通过市场机制来实现;同样,市场功能得益于政府在政策、法规、资金上的保障与助力。二是政府的公共管理职能有较明显的自我扩张趋势,社会组织的成长和壮大有其内在的规律约束,客观上需要政府提供更有力的宏观调控和更有效的制度安排,这也表明在社会急剧变化的快速转型期,政府不仅应当有所作为,更需积极作为。从我国的市场改革进程看,政府与市场间的权力得到了较好分享,一方面,政府尽可能地下放权力,遵循"先市场—后社会—最后政府"的逻辑次序,更多地把权力交付给市场机制和社会组织的力量,由其整合资源、指导生产,进行信息反馈;另一方面,政府又比较科学合理地行使了行政权力,在适度的边界和范围内,对市场经济活动进行必要的政策引导、法律保障和有效监管,发挥政府在市场改革中作为稳定器和推动器的作用。

这种模式的显著特点在于,作为政企关系的三个观测主体,政府、市场和企业由以往的单一线形结构发展成了一个体系更复杂、动态程度更明显、关联度更高的立体式三维结构。在这种结构中,政府、市场与企业间不再是统治与被统治、管理与被管理的关系,而是平等共存的关系,三者间既相互独立,又各自发挥自主性优势和作用,达到了彼此助力、相互制衡、互相约束的良性态势,并在责、权、利的关系界定上有了更明晰的边界,相互间的反馈、合作明显增多,三者间保持紧密联系和密切互动。

从该模式的具体运行机制看,集中表现为:政府在进行宏观调控时,改变以往倚重行政指令的方式,而是更多地通过财政政策、货币政策、收入政策和产业政策进行调节,引导企业的生产经营活动,使之按照市场目标运行;将市场机制中的价值规律和竞争规律合理地传导给企业,指导企业的生产经营行为,增强市场与企业间的交流联系,促进资源的最优配置。企业的行为影响市场运行状况,反过来政府会根据市场运行状况,动态调整政策和调控手段,支持和指导企业发展,与企业保持双向互动。由此观之,在"协作互助型"政企关系下,政府与企业间的联系已完全摆脱了上下级的管制与被管制、命令与服从的关系,在市场经济体制下,建立起了政府与企业的协作、互助、平等的关系①,这种关系比较接近于政企关系调适转换的理想状态,如图 2-5 所示。

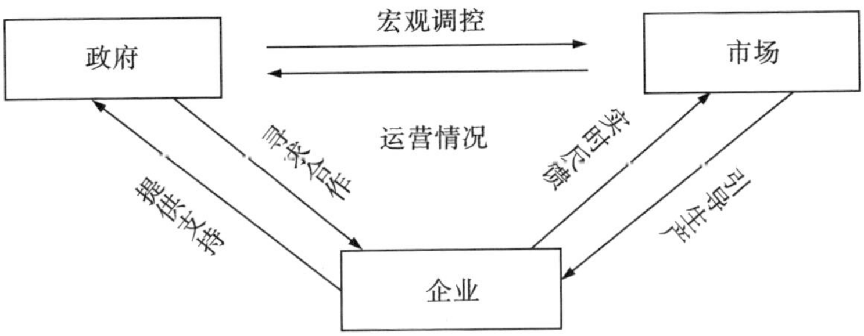

图 2-5 "协作互助型"模式下政府、市场、企业三方关系

六、我国政企关系转型调整的内在规律

总体上看,中国的政企关系是一种以非正式制度和政府主导的差异化的政企关系模式。② 政企关系调整优化目标,除了要努力达致良性互动、协同配合的理想状态,还要谨防在企业尚未发育成熟,不具备承接政府授权权力的情况下,一味要求限缩政府职能的揠苗助长,要把握好两者职能调整的"限度"和"分寸"。从我国政企关系演化变迁的历史进程看,政府始终居于主导地位,但已然与计划经济时期政府主导企业发展的形态迥然不同,无论是宪法还是其他法律法规,对于政府干预微观经济主体的制度性规定都很少见,政府的主导作用并没有以正式制度条文的方式固定下来,如果不考虑环境保护、食品安全等社会性规制的因素,再去除政府和国有

① 参见傅金鹏、方敏:《政企关系模式的演进》,《兰州学刊》2004 年第 1 期。

② 参见吕峻:《新形势下政企关系分析》,经济管理出版社 2017 年版,第 140 页。

企业的产权关系，几乎就找不到任何有关政府干预企业行为和企业影响政府的正式法律规定。但在现实中，企业作为微观经济主体，几乎任何一项经济活动都难免会受到政府的影响，不可能完全超脱，只是影响的方式不拘泥于某种形式，政府对企业的影响和企业与政府之间的互动，更多地表现为一种非正式的制度安排，这种政企关系模式的演化路径也恰好暗合了中央政府对于地方政府四十年来的财政分灶、行政分权式的放权管理机制的发展轨迹。

政企关系的转换有其内在的特征和规律，但就具体国家而言，节奏和状态不尽相同，并不存在可以套用的模板，这表明政企关系的发展是各国经济社会发展样态和质量的客观反映，与各国经济社会所处的阶段和发展传统密切相关。影响政企关系转换的因素多种多样，既包括政府与企业这两个最重要的主体，也包括市场发育程度、社会力量成长、公众参与等多元利益主体嵌入的程度，这些因素都是政企关系转换中的重要变量。在日本、韩国等东亚国家，政府都是主导国家基础设施建设，推动经济社会发展的重要力量，但当这些国家的经济体量和规模达到一定阶段后，政府便会逐步减少对微观经济的管制和干预，有序推进政企、政资和政社的分离。中国在终结了经典意义的计划经济向市场经济转型后，政企关系的调整将是一项更为艰巨、漫长的转型任务，其中国有企业的公司制改造和股份制改革是具有决定性意义的改革环节，需要政府根据社会发展的阶段变化，适时地退出或调整对微观经济的干预管制，贯彻稳定与发展相统一的原则，寻求制度创新、政策创新和路径创新的统一。

（一）政企间的联系机制由权力纽带转变为权利和资本的结合

我国政企关系调整转换的过程，实际上是对延续了几十年的国家高度管制的计划经济体制的变革。改革的过程就是不断深化和完善中国特色社会主义市场经济，去除计划经济体制的残留影响，不断适应新时代政府与市场、政府与企业关系调整需要的过程。在由政府全权掌控，企业接受政府指令的计划经济时期，国有企业只需完成政府下达的生产任务，产品由政府统购统销，利润由政府统一分配，企业财务是政府财政的重要组成部分[①]，企业各项生产经营活动直接服务于政府，处于政府的严格控制下。这种体制在计划经济初期，尤其是对我国工业体系的起步发挥了重要作用，但随着国家发展阶段的转换，“强政府—弱企业”的搭配逐渐暴露出体制活力衰退、运营模式僵化、生产效率低下、产品质量低劣等弊端，企业不具备脱离政府自主生存的能力。改革开放初期，国家对国有企业和部分垄断行业所施行的放权让利改革，尽管取得了一定的积极成效，赋予了企业部分自主权，减轻了企业经营负担，提升了企业改进技术和生产经营效率的能动性，但改革迈出的步子与外界环境的变化和客观要求间的差距仍非常明显，并不能从根本上解决问题，必须进行深层次的体制改革和机制创新。

（二）审视政企关系需要一分为二的视角

对政企关系的审视要保持价值中立和理性客观，不能带有太多先验主义和意识形态的色彩，这是保持政企关系一定超脱性、自主性和独立性的关键。政府与企业要在实然层面彻底分开，取决于“保障国家所有者权益”和“维护企业法人地位”两者协同相得益彰，充分体现责权利有机统一的基本原则，真正的政企分开是在刚性的制度约束和有效制度供给的推动下，通过清晰的权责划分和职权边界厘定，形成国家所有权与企业自主地位并行不悖、相得益彰的良性格局。以往的认知传统习惯于认为市场经济中存在着两种类型的企业：一种是竞争行业的企业，另一种是垄断行业的企业。前者是真正的企业，履行向国家纳税的职能，它与政府之间体现为纳税人

① 参见罗国亮：《改革开放三十年政企关系改革与启示》，《岭南学刊》2008 年第 5 期。

与保护人之间的关系；后者则大量存在企业代偿政府职能，提供公共服务的现象，多是提供公共服务的一些基础设施或相关行业，它不是严格意义上的企业，政府的很多社会目标和公共职责要通过企业的活动来达成，造成政企间的边界模糊，也就很难做到真正意义上的政企分开，铁路行业的特殊性恰恰体现在此。铁路作为服务国计民生的重要交通基础设施，同时集成了多种业态和多重属性，兼备多元职能，既有像路网、调度指挥、财务清算等环节的强公共性部分，也有像客货运输、多元经营等完全有条件引入竞争，施行市场化运作的环节。倘若用规模庞大的行业系统内部某一小部分的垄断性去遮蔽整个行业的完整属性，笼统地认为维持政企合一的模式有利于维护路网的完整统一和科学调度，进而推导出政企合一的模式有利于铁路行业的发展的结论，未免太过简单化，犯了以偏概全的认知错误，也与铁路行业的内在规律相悖。还有一种反对“政企分开”的代表性观点认为，高度集权、统一管理的体制能最大限度发挥“集中力量办大事”的体制优势，体现我国的制度优势，并以铁路在跨越式发展中取得的成绩为依据。不可否认，铁道部依靠其强大的行业垄断地位、良好的资源获取能力和有效的组织动员机制，确实能够最大限度集中资源，推进铁路建设的高速度和高效率，取得了举世瞩目的发展成就，但并不能以此掩盖“政企不分”的弊端，以及维持该体制对市场经济和铁路发展效率的深度损耗。

2013 年的这轮铁路改革旨在通过铁路行业的组织结构、运行体制和管理模式的根本调整，推进铁路系统的政企分开，打破铁道部“一统天下”的传统格局，通过采取政府放松规制、简政放权、优化服务的改革措施，特别是逐步放松对铁路运价的管制，推进运价的市场调节，施行季节浮动票价，向社会释放政府减少规制的重要信号，从而激发铁路运输企业的内生动力，扩大经营自主权和自由度，谋求政企各司其职、协同配合的良性格局，进而在铁路产业内部形成“局部的现实竞争和整体的可竞争性”的市场竞争结构,提高铁路运输资源的配置效率,保证铁路运输企业能够成为真正的市场主体。这一系列改革措施的落地,都源于国家层面政企分开的实质推进,尽管政企分开在一些关键领域的实现程度尚未完全达到预期,但仍然为铁路深化改革,完善各部门权责利关系,提供了重要的制度基础和难得的发展契机。

(三)政企关系调整本质上是一场深刻的体制革命

政企关系的调整是涉及国家政治体制和经济体制改革的重大变迁。规范的法治环境是培育良好政企关系的最好土壤,当前我国这种不平等的畸形政企关系充满着不确定性,充斥着各种类型的"关系陷阱"。比如彼得·埃文斯就提出了"嵌入性自主"的概念,用以描述国家与社会、市场互动关系的形态,主张国家机关在具有自主性的同时,必须与市场有适当程度的连接和区割,以保证国家担当好"当家主政"与"助产者"的角色。[①]

政企关系调整的过程就是明确政企权责,厘清行为边界,深化政企协作的过程,这意味着政府与企业要在动态调整中形塑新的制度安排和权责关系。政府这只"有形的手"要注重保障和激发市场潜能,引导市场机制产生正面效应,当然前提是政府要"洁身自好",加强自身建设,懂得节制自身行为,控制贪腐的欲望,科学规范职能行使,提升施政能力。诚然,在推进政府职能转变的行动过程中,也要防止矫枉过正,谨防政府由包办一切的全面干预到放任不管的"自由主义",避免权力真空,诸如提供公共服务、制度约束、法规保障,以及综合运用经济、法律、行政等手段进行宏观调控等方面的职能,在任何政府形态下都是政府的法定职能,无论政企关系的调整走到何种程度,政府都是当仁不让的承担者和最佳提供者。因此,政府要有意识地提升规制力度,优化规制方式,在提供更加普惠的公共服务和

① 转引自邵任薇:《镶嵌式自主:城中村改造中的地方政府》,《浙江学刊》2011年第12期。

公共产品,维护良好的市场经济秩序和经营环境方面发挥更加积极的作用。目前,无论是奉行何种经济政策的国家,政府作为服务、保障、监管的角色都不可或缺,需要以有节制、有原则的方式合理履行公权力,为市场经济创造公平、公正、法治的发展环境,这是政府应尽必尽的本分和职责,也是促进企业健康成长的必然要求。倘若在政企关系的转换中,政府出现权力缺位,甚至任性而为,极易将企业置于险境。对于政府和市场的作用发挥,要清醒地认识到,两者作为调控资源分配的手段,一样都会失灵,关键是拿捏好实现双方关系平衡的分寸,这是政企关系调整的主逻辑。要把握好两者关系调适的尺度,既不越俎代庖,又能积极作为,推进政府职能转型、功能调整和角色转换,促进企业和社会组织的成长,为它们创造公平公正、法治化的竞争环境,努力实现政企间的各司其职、各负其责、各归其位。

政企关系优化调整的程度直接关联重大领域的改革成效。我国在经历了波澜壮阔的四十多年改革开放后,目前正处于新旧体制改革和动力转换的交替期,正处在一个全新的发展阶段。过往在国家治理和经济社会转型上取得辉煌成就的一个根本原因就是坚持党的领导核心地位不动摇,得益于充分发挥中国特色社会主义制度“集中力量办大事”的制度优势,形成了强大的组织动员和整合能力,保障了改革能持续释放改革红利,增强了人民的获得感。当然,也要冷静地看到,改革所伴生的问题依然大量存在,一些长期羁绊的历史积弊和体制顽疾很难在短时间内根除,尤其是对于一些利益冲突、矛盾对抗表现非常激烈的问题,要以发展的眼光、改革的思路和开放的视野,在完善和加强党的领导的基本前提下,持续深化制度创新和实践探索,通过推动铁路、石油、电力等重大领域和重要行业的善治,不断提升治国理政能力,实现国家重大基础设施的治理现代化。

第三节　政企关系转换进程中中国铁路行业治理的发展与演进

政企关系与铁路行业改革发展历程是相伴的一对主命题,任何一次政企关系的转换都代表着铁路行业改革发展走向的一次重大调整。政企关系是铁路深化改革的前提和必然要件,离开政企关系谈论铁路行业的转型升级和改革发展,就会掉入虚无主义的认知泥沼。换言之,政企关系是铁路改革的基本保障,标定了铁路深改善治的逻辑起点,对两者内在关系的体察有助于准确把握铁路行业治理所遵循的规律。

一、政企合一:计划经济体制下政府对铁路的高度管制

中国铁路长期实行国家所有,政府集中统一管理的模式,实行在财务清算上按照统收统支、统付盈亏的方式来运营的计划经济管理体制。新中国成立后,为发挥"集中力量办大事"的体制优势,适应中央高度集权、统一管理的执政需要,最大限度满足集中有限的运力运输和调拨用于恢复和发展国民经济所需物资的需要,我国铁路运输业仿照苏联的"中长路"模式①,建立了高度集中、高压管制的铁路管理体制,实行的是"铁道部—铁路局—铁路分局—站段"四级层次的管理序列,在当时"一大二公"的计划经济体制下,整个国民经济都变成了一个封闭的大系统,从上游的生产资料和原材料供应,到中间组织生产,再到下游的产品调配及人员岗位安排,都严格依照政府给定的计划来执行,企业本身只有执行政府计划的义务,不具有

---

① 中长路是指抗战结束后,当时占领东北的苏军将中国东北满洲里至绥芬河及南满铁路从哈尔滨至大连的干线合并为中国长春铁路,简称"中长路",全长约 2400 公里,由中苏共管。"中长路"运作模式的主要特点是施行"生产行政工作的厂长负责制"下的高度集中统一的经济体制,各级机构都实行行政首长负责制。

独立法人的主体地位。在这种模式下，铁路系统受计划经济体制的侵染影响较深，“政企合一”体制存续的时间较长，集中表现为政府与企业间不存在边界，两者是合二为一的，体现在政府行政管理权与企业所有权合二为一，国家对铁路的所有权与铁路企业的自主经营权合二为一，铁路企业的经济发展目标与社会服务目标合二为一，缺少明确规范的产权界定，没有科学的角色划分和职能厘定机制，企业的经营自主权长期得不到落实，政府对运输企业的强干预造成预算软化，企业明显缺乏开拓市场、改善绩效的内在激励。

1958 年和 1970 年，铁路行业的政企关系进行了两次小幅度的调整。1958 年围绕“体制下放”进行了计划经济体制建立后的首场改革，重点是将中央部属的企业经营管理权下放给地方。铁道部为了适应各省区市建立独立完整的经济体系的需要，决定按照省的建制对应设立地方铁路局，其受铁道部和地方双重领导，实际以地方领导为主，全国各地的铁路局从 15 个骤增到 29 个。这种按省份设局的做法，产生了较严重的干线分割，削弱了运输指挥上的统一性和完整性，造成铁路运输生产和调度指挥效率下降，在某些地方还出现了指挥失灵。从 1959 年年末开始，为克服各地因“大跃进”带来的经济困难，维护中央集权领导，政府又陆续收回了原先下放的权力，恢复到了高度集权的状态。

1970 年的这轮改革相比以往声势更大、力度更强、波及范围也更广，国务院要求工业、交通等各部门将绝大部分部属企业下放给地方。在此轮改革中，在太原、武汉、乌鲁木齐新增设 3 个铁路局，地方铁路局的数量达到 20 个，铁路分割管理的状态进一步加剧；地方政府对铁路的领导往往超越分工范围，出现了多头领导、政出多门的问题。1970 年 6 月 22 日，中央决定将铁道部、交通部和邮电部所属的邮政部分合并，成立新的交通部，把铁路、公路、水运等合并统一管理,意图形成一个综合交通运输体系[①],但受制于当时的内外部形势,改革注定难以成功。由此可见,政企关系的调整深受时代背景和国家公共政策的影响,1978年之前政企关系的局部微调也基本局限于政府在纵向层级的权力授予和调整,所改变的只是权力隶属的企业主管部门,并未改变政企关系的本质[②],始终维系着"高度管制型"的政企模式。

该模式下的另一显著特征是"行业办社会"。铁路是"行业办社会"的典型代表,铁道部作为铁路行业的最高主管部门,长期垄断铁路的指挥调度、生产经营、财务核算等核心权力,在该系统内形成了覆盖教育、医疗、住房等社会职能的保障体系,甚至还拥有自己的公安、法院和检察院,可谓"一应俱全、自成体系",足见铁路系统强大的自我膨胀性与行业封闭性,这也是铁路行业被称为"铁老大"的重要原因。这种机制的长期沿袭,很自然地会带来模糊政府与市场的职能定位,异化政府与企业的关系的负面后果,并会衍生出一系列突出矛盾,包括服务质量低劣,建设资金缺口大,铁路运能运力长期供给不足,铁路发展的瓶颈制约效应明显,造成铁路行业的改革长期滞后于国民经济的发展进程。计划经济体制下,我国长期施行的是"重工业优先"赶超战略,有限的资源被集中起来投放到重工业的发展中,而交通运输业则长期面临投资不足、供过于求的境况。[③] 这种状况投射到铁路领域,就表现在铁路的运价受到政府的严格管制,运能运力遭到人为的政策挤压,以此换取对重工业发展的政策支持和运输保障,在此情形下,为满足重工业高效率的要求,铁路采取国有产权制度和集中统一管理的模式,某种程度上成为当时条件下的一种必然选择,但从长期看,势必会

① 参见于军:《铁路重组的理论与实践》,经济科学出版社2003年版,第178—179页。

② 参见罗国亮:《30年来我国政企关系的演化》,《中国国情国力》2008年第10期。

③ 参见林毅夫、蔡昉、李周:《中国的奇迹:发展战略与经济改革》,上海三联书店、上海人民出版社1994年版,第235页。

造成铁路的经营管理有效激励严重不足,极易陷入运营困境。

二、政企分离:计划向市场转轨阶段铁路发展的过渡模式

这一阶段政府与铁路企业关系的基本面没有产生根本性变化,但政企之间在角色界定、权责利关系和制度安排上还是表现出了一些积极的调整动向,表现在:政府对铁路运输企业的控制力度有所减弱,不再单方面完全垄断铁路行业的全部资源,改变了包办铁路运输、生产、经营、基建、营运等业务的局面。在此期间,国家在铁路行业施行了以建立企业基金制、全额利润留成制、税后利润递增包干和全面承包为主的经济责任制(大包干)等一系列措施的放权让利改革,重新梳理了国家与铁路间的财政关系,对铁路内部分配关系进行了系列性改革,相继完成了"清算单价""清算单价双挂钩""现收抵现支""管内归己、直通分配"。通过上述改革,地方铁路企业在其组织边界内部拥有了一定的财政自由度,可以从市场上得到一定数量的完整运输收入,促使政府与铁路企业间开始由行政隶属关系向市场契约关系转变。

政府开始重视并主动调整与企业的关系,有计划地向企业下放更大权力,特别是通过对铁路内部分配制度的改革,增加铁路企业在营运收入上的支配权和控制力,改变以往一律先统一上交,再根据铁道部确定的基数向下返还、分配的清算模式,进一步规范国家与铁路、政府与铁路企业之间的责权利关系。其中最具标志性意义的改革是实行国有企业承包制,以经营合同的形式规范政府与企业的关系,推进企业所有权和经营管理权的两权分离,核心是确认并形成一种全新的契约关系,通过适度限缩政府职能,赋予企业一定的经营自主权,逐步帮助企业形成参与市场竞争的意识,增强能动性和经营活力,使其更趋向于成为独立的市场经营主体。经此调整,政府与企业之间的关系由以往的企业受到政府严密控制,没有任何自

主空间,政府完全覆盖企业的模式,逐渐向着一定程度的政企分离方向转变,以往层级清晰、控制严密、企业被动依附政府的行政隶属关系出现了松动和调整的动向,为下一阶段政企关系在更大范围、更深程度上的优化调整,实现比较理想和到位状态的政企分开奠定了基础。虽然这是由政企不分到政企分开之间的过渡状态,却非常重要,而且该状态往往停留的时间比较长,分化衍生出的各类形态也比较丰富,需要密切关注。

三、政企分开:国家深化改革背景下铁路行业的发展样态

政企分开是市场经济体制下,具有国有属性的重大行业和基础设施在深化改革中致力达成的理想状态,特别是像铁路行业这类“巨系统”,长年受制政企不分的羁绊被扫除后,政企分开将成为铁路系统转型升级的全新发展逻辑。在 2013 年 3 月实施“铁路行业政企分开”改革的基础上,2013 年党的十八届三中全会拉开了全面深化改革的大幕,党的十九大提出经济体制改革的核心问题是处理好政府和市场的关系;2019 年的政府工作报告指出要深化电力、油气、铁路等领域改革,自然垄断行业要根据不同行业特点实行网运分开,为深化国家重大基础设施,特别是垄断行业领域的改革指明了方向。铁路系统的改革要解决的历史问题多,以往的管理体制、组织架构和运行模式的延续时间长,改革的艰巨性、严峻性都非其他行业所能等量齐观,具有非同一般的顽固性、复杂性和持久性,绝非能通过单一政策的调整就在短期内收到效果,要做足困难的准备,保持充足的改革耐心和行动定力。在市场经济体制下,市场的内在规律就是要发挥其在资源配置中的决定性作用,合理界定政府与市场的边界,明确政府履职的范围,形成政企各司其职、各归其位的局面。对政府而言,要尽快完成职能转变,遵循“法无授权不可为”的原则,严格规范政府的活动场域,限缩职能空间,保障企业的自主发展;考虑到铁路行业在路网、基础设施上的自然垄断性,又

在政府授意下大量承担服务社会、提供公共产品的职能，政府的社会性规制不能缺位，还要有意识地为铁路提供运价补偿、交叉补贴、政策保护等方面的有效供给，强化政府在社会性规制上的投入，为企业成长提供良好环境和政策保障，保障铁路在履行社会职能和追求市场利润之间达成平衡。

政企分开是对传统政企关系的深度重塑，核心议题是处理好政府与市场的关系。党的十八届三中全会《中共中央关于全面深化改革若干重大问题的决定》明确提出“大幅度减少政府对资源的直接配置，推动资源配置依据市场规则、市场价格、市场竞争实现效益最大化和效率最优化”，核心就是加快政府职能转变，科学规范履责方式，精准把握“时度效”，既要让市场这只“无形的手”充分发挥作用，又要让政府这只“有形的手”在合理的地方和时间出手，政府的主要精力放在保持宏观经济稳定，提升公共服务和公共产品的供给质量，加强市场监管，加大政策保障，维护市场秩序，促进公平竞争，弥补市场失灵等方面，做到权力应放尽放，干预能少则少。这昭示了政府与市场关系调整的新动向，以期塑造政府与企业良性互动、协同配合、各司其职、各归其位的新模式。

现阶段，在铁路行业推进政企分开，还要注意把握两个基本面向。从政府的角度看，政府要按照权责统一、合理施政、科学履职的要求，积极构建“有限政府”“效能政府”，给予铁路运输企业更大的自主权、竞争力和生存空间，同时要在法律保障、政策引导、资金补贴和公益补偿等方面积极履职，为铁路企业的成长壮大提供良好的外部环境和政策支持，发挥好政府的保障、服务和监管作用。从铁路运输企业的角度看，就是要使铁路企业从被国家和政府直接管理的行政隶属关系中挣脱出来，以建设现代企业制度和现代公司法人治理结构为目标，形成具有市场主体地位，能够完整提供运输产品和独立获得运营收入，独立适应市场竞争的铁路企业，并保持与政府平等对话的发展地位。

第四节 政企分开后中国铁路行业治理面临的机遇与挑战

政企分开旨在通过确立企业的市场主体地位和独立竞争地位,形成政府与企业力量对比的均势,推进政府由“全能政府”向“有限政府”的角色转变。2013 年铁路系统的“大部制”改革,被认为是迄今为止中国铁路发展史上最有分量和实质意义的一次改革,关键就在于成功实现了组织形态上的政企分开,为后续改革标定了全新的价值前提和逻辑起点。在国家政策的引导激励下,改革红利迅速得到释放,助推中国铁路迎来了又一轮的发展黄金期,铁路新线投产规模、固定资产投资、银行放贷额度持续走高,铁路在综合交通运输体系中的竞争力和比较优势得到展现,加之高铁作为国家新型战略产业迅猛发展,成为国家公用基础设施领域的新亮点和品牌输出的主阵地,铁路行业的正向溢出效应逐步显现,发展前景被广泛看好,这都是政企分开给铁路行业治理带来的重大契机。

一、赋予铁路深化改革以全新制度保障

政企关系是贯穿铁路行业治理的一条主线。前期在铁路运输企业内部实施了一系列改革措施,包括打破垄断、引入竞争,推进组织机构的合并重组,在此期间铁路行业进行了较大幅度的机构重组,随之也进行了相应的职能整合,通过施行一定程度的主辅分离、公商分离,达到了精兵简政、突出主业的效果。但由于政企分开尚未落地,改革依循的还是“政企合一”的传统逻辑,很难触发深层次、全方位、全要素的改革,只是在器物和工具层面进行了适当的调适,这也从侧面说明:政企分开才是深化铁路改革的逻辑起点,唯有顺利实现政企分开,才能从根本上突破铁路行业的发展瓶颈,开启铁路改革的新局,并为有效防范后铁道部时代国有独资公司的垄

断提供制度保障。

铁路改革的关联性、协同性和系统性十分突出，涉及的治理主体多元，利益关系复杂，针对某个单一环节的改革都可能会牵动全局。2013 年的这轮“大部制”改革在国家意志和中央层级的决策下强力推动，核心就是通过推进铁路行业管理体制调整、机构重组和职能转型，循序推进政企分开，这是铁路深化改革和追求善治的价值依归。当前的改革重点是巩固既有的政企分开成果，以科学厘定政府与企业的责权利关系为切入点，以建设“有限政府”“有效政府”，培育铁路企业成为独立市场主体为旨归。一方面，把政府从企业经营的微观事务中解放出来，专注于政策制定、宏观调控、监管保障职能发挥，做到简政放权和主动服务；另一方面，按照现代企业制度的要求，完善铁路企业公司治理结构，强化企业的主体地位，提升市场在资源配置中的首位度，使企业有能力承接政府授权，深化各归其位、各司其职的新型政企关系，各项改革也由此发端，逐渐形成规模效应。

我国铁路的发展始终要服务于国家和经济社会发展的战略需要，扎根于中国特色社会主义事业中，以充分体现作为国家重大基础设施的职能定位。党的十八大以来，深化国有企业改革，发挥市场在资源配置中的决定性作用的顶层设计逐渐落地；从建立现代企业制度和科学独立的法人治理结构，到推进国家治理体系和治理能力现代化；从强调以“铁路主导型”为特征的综合交通运输体系的建设，到党的十九大提出实施“交通强国”战略，这些国家层面的宏观发展战略都是铁路深化改革所立基的背景。随着铁道部被撤销，中国铁路总公司成立，“政企合一”模式正式瓦解，组织和职能层面的政企分开，促进了铁路管理体制、组织机构、运营模式的全面调整，赋予了改革全新的发展逻辑和深化改革基础。改革由于是在政企分开的基础上循序展开的，具有先赋的制度优势，在“捅破了这层窗户纸”后，改革有望持续引向深入，聚焦发展短板，正视挑战机遇，加大铁路运输正面效能的发挥,充分适应"交通强国"战略的发展要求,而来自国家层面的顶层设计和政策支持,铁路行业快速发展所积聚的深化改革势能,社会资本对注资铁路的积极性和民众的热盼,都为全面推进铁路行业善治提供了绝佳的发展机遇。

二、加速铁路行业的转型升级

2013 年国家启动的此轮铁路改革,致力于以推进政企分开作为撬动铁路全行业深化改革的杠杆,并以此为发端,推动铁路改革进入活跃期。从改革实效看,政企分开的形式落地产生了非常明显的正向激励和扩散效应,无论是推进铁路公共性和商业性职能分离,打破垄断、引入竞争,还是拓宽投融资渠道,以现代企业制度和公司法人治理结构重新梳理铁路行业内部的纵向关系,打造具有独立市场主体地位的现代铁路企业制度,一系列针对性很强的改革措施渐次落地,释放的成效积极而显著,很大程度上都要得益于政企分开的实现。尽管所推促实现的政企分开依然是低层次、不充分、不平衡,发展程度不一,甚至留存了一些政企不分的惯性和传统,但在政企分开的直接推动和政策牵引下,铁路行业转型发展的进度被大大加快,这是有目共睹、实实在在的改革成效,清晰昭示了铁路深化改革的趋势和基本方向,有力提振了行业发展的信心,充分展现了铁路的发展潜能和竞争优势,这是本轮改革在铁路行业发展历史上的最大贡献。

改革是一场深刻而伟大的自我革命,往往由问题倒逼产生,又在解决问题中不断深化改革。[①] 改革本身要打破一些固有的利益,突破既定的藩篱,形成新的运行规则和权力机制,这便注定了改革是一个破与立并存的过程,不可能一蹴而就,更何况改革的对象是与中华人民共和国同龄、属性

① 参见刘宇:《改革开放四十年我国铁路行业的转型质效与深改探索:基于公共管理视角》,《华东经济管理》2018 年第 12 期。

高度集成、结构高度复杂、意义重大的中国铁路，更进一步加剧了改革的复杂性、矛盾性和反复性。因此，事关铁路行业的改革，必须全盘谋划、周密部署、统筹推进、精细把控，做好顶层设计和具体实施的有机统一。政企分开的政策昭示，铁路快速发展积聚的改革诉求，以及社会民众“自下而上”的积极参与，汇聚形成了推动改革、支持改革的多方合力，全面深刻分析铁路系统内部与外部相关主体的逻辑关系、利益诉求，主动转换研究视角，摆脱碎片式、零散化的研究偏好，形成系统性、整体化的建构思路，从铁路行业横纵向关系、内外部力量对比的角度，构想推进铁路行业政企分开的实践进路，推动生成一个体系化、专业化、制度化、规范化的铁路行业治理结构。

三、展现催促铁路行业发展的正向效用

当前，政企分开为铁路行业的全面深化改革和善治提供了难得的发展契机，也面临着一些新的机遇和挑战，改革的不可知和难以预测性更加突出。铁路系统的政企分开是解决现实问题，化解体制转换过程中矛盾冲突的一把钥匙，这已是改革的共识，某种程度上，政企关系能否实现顺利转型，既是衡量铁路改革质效的关键指标，也是判断铁路这类国家重要基础设施能否如期实现治理现代化的重要标准。

以往，我国铁路行业长期处在政府的行政垄断之下，铁道部作为主管部门，长期采取高度管制、统一管理的权力运作模式，这种“强政府、弱企业”的关系配属，致使铁路系统一直处在国家行政机关的严密管制和直接控制下，事关铁路发展的核心资源、调度指挥、政策规定等重要权力被铁道部牢牢掌控，造成了事实上的“既当裁判员，又当运动员”。一方面，铁道部作为国家部委的行业主管部门，履行对铁路行业的监督管理权；另一方面，铁道部又是直接参与市场竞争和运营的主体，政府力量的独大和强势，以

及在政策、资源等方面的独占与垄断优势,极大挤压了市场发挥作用的空间,使得市场只作为一种补充力量存在,造成早期进入铁路行业的厂商具有较明显的在位优势,对后进入者设置壁垒,尚不能建构起公平竞争的市场格局。同时,由于在位厂商无须为产品的销量、利润和市场前景负责,只需完成好上级下拨的指令和生产指标,不必担心破产倒闭和产品滞销,企业不具备自负盈亏、自我发展的主体地位,出现规模不经济、产品供给不足等现象也就不足为奇了。这一具有明显计划经济色彩的行业管制,使得铁路行业实然层面的政企分开迟迟难以落地。

2013 年铁路系统"政企分开"正式启动,改革的核心点就在于致力推进铁路行业的政企全面分开,即职能分开、角色分开、隶属关系分开,在铁路发展史上具有划时代的里程碑意义。但由于改革是自上而下地推动,执行中难免会存在信息失真、执行衰减的问题,而且由于没有进行充分的预想和针对性准备,又在机构改革中回避了模式之争,改革的"天花板"效应突出,未来要向纵深推进,还要经历一个漫长的过程。当前,深层次、全方位、全要素的政企分开,是铁路行业深化改革与善治的价值前提,也是建构铁路行业治理结构的目标归宿,是改革首先要解决的重大根本问题,可以说,只要政企关系能理顺,铁路行业的很多历史积弊、现实问题都能找到有效的解决方案。因此,改革质效主要取决于政企分开的实现程度,政府是否能够承担起该承担的责任,企业是否履行了作为市场竞争主体的职责,政府与企业的协作是否能产生有效的制度供给,这些因素都直接关联铁路深化改革的性质和方向。[①]

---

① 参见刘宇:《改革开放四十年我国铁路行业的转型质效与深改探索:基于公共管理视角》,《华东经济管理》2018 年第 12 期。

四、促进铁路行业治理环境日趋制度化

自2012年以来，中央层面连续颁布有关铁路行业治理的行政法规和政策性文件，据不完全统计，仅围绕铁路运输安全、铁路投融资机制、铁路基础设施建设、旅客失信行为等方面发布的行政法规和政策性文件就有十几项，如表2-2所示。铁路行业的改革发展按下加速键，进入活跃期，展现出循序渐进、先立后破，更加注重制度供给，夯实法治保障的鲜明特征。

表2-2 新时代以来我国铁路行业主要政策和制度规范汇编

行政法规/政策性文件	发布部门	发布时间	规制对象
《铁路交通事故应急救援和调查处理条例修正案》	国务院	2012年11月9日	铁路交通事故
《关于改革铁路投融资体制加快推进铁路建设的意见》	国务院	2013年8月9日	投融资体制
《铁路安全管理条例》	国务院	2013年8月17日	铁路行业安全
《铁路发展基金管理办法》	多部委联合发布	2014年6月25日	铁路行业发展建设
《关于进一步鼓励和扩大社会资本投资建设铁路的实施意见》	多部委联合发布	2015年7月10日	投融资体制改革
《中长期铁路网规划(2016—2025)》	国家发改委	2016年11月25日	铁路行业改革发展
《关于加强交通出行领域信用建设的指导意见》	多部委联合发布	2017年1月3日	旅客失信行为
《铁路旅客信用记录管理办法(试行)》	中国铁路总公司	2017年1月19日	旅客失信行为

续表

行政法规/政策性文件	发布部门	发布时间	规制对象
《铁路“十三五”发展规划》	多部委联合发布	2017 年 11 月 20 日	铁路行业改革发展
《铁路行业统计管理规定》	交通运输部	2018 年 5 月 16 日	铁路行业统计数据
《铁路运输业信用管理暂行办法》	国家铁路局	2018 年 10 月 15 日	旅客失信行为
《新时代交通强国铁路先行规划纲要》	中国国家铁路集团有限公司	2020 年 8 月 12 日	铁路行业发展目标及主要任务
《“十四五”现代综合交通运输体系发展规划》	国务院	2021 年 12 月 9 日	铁路发展规划及其路网建设
《“十四五”铁路科技创新规划》	国家铁路局	2021 年 12 月 14 日	铁路科技创新及战略规划

铁路行业治理行为制度化的另一个重要表现，是围绕构建“一处失信、处处受限”的信用惩戒格局的要求，国家相继出台了多个政策文件，其中就包括中国铁路总公司制定的《铁路旅客信用记录管理办法(试行)》，以及多部委联合发布的《关于在一定期限内适当限制特定严重失信人乘坐火车　推动社会信用体系建设的意见》。上述文件将在动车组上吸烟、倒卖车票、无票乘车等七种扰乱铁路站车运输秩序且危及铁路安全，造成严重社会不良影响的行为统一纳入铁路旅客信息征信记录；对在动车组上吸烟引发烟感报警、扒阻车门、醉酒滋事、妨碍执行公务等近几年新出现的违法行为逐一明确了惩戒规定，视违法情节轻重，给予治安处罚或行政拘留，并列入“铁路失信人黑名单”，在一定期限内限制乘坐火车。[①] 2018 年 6 月，一名男

---

① 参见《关于在一定期限内适当限制特定严重失信人乘坐火车　推动社会信用体系建设的意见》，2018 年 12 月 31 日，https://www.gov.cn/zhengce/zhengceku/2018-12/31/content_5435023.htm。

性旅客霸占高铁座席的视频引发社会广泛关注，随后一段时期各趟次列车上发生多起“霸座”事件，铁路公安局以《旅客列车常见警情处置指引》的方式，对“霸座”事件的处置给出明确规定，并集中开展了一轮专项整治行动；地方性铁路管理条例也将“霸座”纳入重点关注的不文明行为，体现了铁路行业治理制度化、法治化的鲜明导向。

第三章 改革开放以来中国铁路行业治理结构的变迁

新中国成立后，着眼铁路标准不一、管理落后的现实，为建设新型铁路，迅速集聚力量投入国家建设，维护共和国新生政权的政治安全、国家安全和政权安全，我国以苏联铁路系统的管理模式为借鉴原型，参照苏联管理建设铁路的经验，并在苏联专家的直接指导下，建立起了国家对铁路集中管理的模式。1949 年，中华人民共和国铁道部正式成立，下属 11 个地方铁路局，多数铁路局不设分局，站段直接受铁路局管理和领导，铁道部是负责组织、协调和领导全国铁路发展的行业主管部门，铁路系统长期施行全面控制、统一管制，其间虽有几次局部调整，但发展的基本面未有明显变化。自 1978 年以来，重新确立了以经济建设为重心的发展方略，铁路行业迎来了新的发展契机，进入了改革调整的活跃期，在融入国家发展战略、促进经济发展、优化产业结构等方面的作用更为突出。追溯改革开放以来我国铁路行业治理结构实践探索的演化轨迹，贯穿其中的一条内在主线是致力于优化和完善政企关系，逐步实现全行业、全要素、全方位的政企分开，围绕优化铁路行业治理结构的管理体制、运行机制、运营模式、组织机构、产权关系、资金来源、权责配属等方面进行了持续的接力探索。

第一节 铁路运输企业经营活力的有效激发（1978—1999年）

在计划经济体制模式下，中国铁路长期实行国家所有、政府直接经营、统收统支的管理体制，行政垄断、行业垄断交织叠加，铁路与政府之间形成了典型的行政隶属关系。改革开放后，为适应国家发展战略和经济社会转型的需要，铁路行业的管理体制、权责关系、运行模式需要整体重塑，特别是要改变铁路企业长期受制于铁路主管部门，缺乏独立地位的局面，当务之急就是激发铁路运输企业的经营活力，重新赋予其市场经营地位。

一、铁路行业放权让利的初步探索

改革开放初期，政府开始对铁路运输行业进行适度的放权让利，通过减少政府财政干预，在资金使用、利润上缴和税后比例分布等方面赋予企业一定的灵活性和自主权，激发企业自主经营的活力，适当优化政府与铁路行业的关系，为随后的改革奠定了基础。这期间的改革主要以企业基金制、全额利润留成制和税后利润递增包干为标志，政府放权让利给企业的力度逐步加大。

以恢复企业基金制为标志，铁路长期施行的高度集中、统一管理的模式优化开始有了动向，规定：铁路运输企业如能完成产量、品种、质量、利润、消耗、劳动生产率、成本和流动资金等8项关键技术指标（随后减为4项），可以按照工资总额的5%提取企业基金，并需要对8项或4项技术经济指标的完成情况进行考核①，基于业绩考核的情况，对企业生产经营的质

① 参见于军：《铁路重组的理论与实践》，经济科学出版社2003年版，第48页。

效进行总体评估。这一财政清算模式的调整，显露出政府与铁路之间的关系开始寻求优化的态势。

自 1981 年 1 月起，中央政府开始对铁路实行全额利润留成基金制度，利润留成是指按时限利润和核定的比例提取留成基金。从 1983 年开始，铁路行业又实行了“利改税”改革，规定了铁道部按实际利润的 55％来缴纳所得税，进一步强化了铁路与中央政府之间的契约关系及其承诺的可信性，有效扩大了企业的经营自主权和对利润的支配权，实现了铁路职工的自身利益与企业利润挂钩①，促进了铁路收入分配模式的优化调整，帮助铁路运输企业由单一生产型逐步向生产经营型转变。国家对铁路的放权让利使铁路运输企业有了自己可支配的部分盈余，不仅有利于进行简单再生产，还赋予企业一定的扩大再生产自主权，产生了积极变化，但总体看，铁路上缴国家的利税比重和负担仍比较重，基本建设投资大部分还要依靠国家的财政拨款，铁路行业受铁道部垄断控制的基本格局没有变化，企业依然受到政府的制约，所享有的自主权也面临极为苛刻的约束条件。

二、施行以全面承包为主的经济责任制的改革尝试（“大包干”）

铁道部于 1985 年 9 月向国务院正式提出在第七个五年计划期间，在全行业实行经济承包制（简称“大包干”）的报告，1986 年 3 月，国务院正式批准了这一报告，标志着“大包干”政策落地。铁路系统经济承包责任制，指的是由铁道部管辖的国家铁路（不含地方和专用铁路）作为一个由为数众多的运输企业、工业企业和建筑企业组成的管理系统，向国家实行运输生产、建设的全面承包，代表的是一种“包投入、包产出、包以路养路”的经济承包责任制。这一经济承包概括起来可归纳为“5＋1”的“六包”模式，即

① 参见于军：《论铁路企业的组织边界：一个基于交易成本经济学的解释》，北京交通大学博士学位论文，2001 年。

铁道部向国家承包客货运输任务、机车车辆生产任务、铁路建设规模和形成运输能力、基本建设投资和机车车辆购置费、交纳税款等五个方面，另外“一包”是保证严格遵守财政纪律，接受国家的财政监督，统称“六包”，自1986年起实行，以5年为一个周期。在铁道部对中央政府承诺实行“六包”的同时，中央政府也在税率、银行贷款、物资分配与供应、运价调整等方面相应给予铁路优惠政策。当时铁路系统的“大包干”与石油、煤矿、石化等行业对中央实行的投入—产出—承包有着本质区别，铁路的“大包干”是投入与产出全面挂钩，是简单再生产和扩大再生产的结合，国家计划安排的铁路基本建设投资所需要的资金主要依靠铁路自身的积累，不足部分向银行贷款，而贷款的本息最终也要由铁路实现的利润来偿还。①

“大包干”是我国铁路业放松规制的第一次尝试，在规范国家与铁路、政府与铁路企业之间的关系上迈出了重要一步。这种以全面承包为特征，强调投入与产出、效益与发展、多劳与多得紧密挂钩的经济责任制，明确规定了铁路与国家的经济关系，即铁道部应实现对国家的承包，但从本质上看，“大包干”依然没能摆脱政企不分模式的束缚，改革的运作方式高度依赖政府与企业之间的谈判效果，极易出现政府与企业行为的双重扭曲。

三、地方铁路企业公司制改革的试水

在此阶段，按照“以存量换增量”的思路，国家开始组织优质铁路资产上市融资。1993年，我国第一家改制的铁路运输企业——广州铁路(集团)公司挂牌成立，标志着中国铁路市场化改革进程从初级的承包制阶段正式步入公司制试点阶段。② 1993年，国家用规范化的利税分流制度和统一的

① 参见于军:《铁路重组的理论与实践》,经济科学出版社2003年版,第48—49页。

② 参见于立、姜春海等:《规制经济学的学科定位与理论应用》,东北财经大学出版社2005年版,第71页。

财税制度代替“大包干”政策，分类运营客货运输服务和基础设施建设，目的是使铁路运输企业能够直接从市场中取得运输收入。1994 年，铁道部开始进行现代企业制度的试点，在运输、工业、施工系统范围内选择了 11 家试点企业，其中就包括试点改制的大连铁路股份有限责任公司和广深铁路股份有限公司，迈出了铁路企业股份制改造的第一步。1995 年年底，大连铁路分局作为国家百家试点企业之一，改组为大连铁道有限责任公司，标志着铁路分局公司制改造的开始。1996 年，广深铁路总公司改组为广深铁路股份有限公司，完成了铁路局和铁路分局的法人注册，确立了两者的市场主体和法人实体地位；公司先后筹资 40 多亿元，在中国香港、美国成功上市，有效拓宽了投融资渠道，并在建立法人治理结构、调整资产结构、加强行业内部管理、强化市场营销等方面进行积极尝试，留下了很多有益的改革经验。1997 年，铁道部设立昆明铁路局，实行铁路局直管站段的组织管理制度。1998 年，呼和浩特、南昌、柳州、昆明等地的铁路局开始试行资产经营责任制，同年，大连铁道有限责任公司控股的多家企业被成功改制为大连铁龙股份实业公司，并在国内 A 股市场上市。在前期各地试点取得积极成效后，1999 年，铁道部开始在各铁路局全面推行资产经营责任制[①]，进一步明确了各铁路局的市场主体地位和法人代表资格。2000 年，昆明等直管站段的地方铁路局以及铁路企业市场化改革的先行者——广铁集团，开始模拟客运公司的运营模式，包括铁路工业在内的五大集团公司也先后与铁道部脱钩，公司制改革进一步引向深入。这轮推进铁路运输企业市场化、公司制的改革措施，先从地方企业开始试点，通过建立现代企业制度，完善公司法人治理结构，以此来矫正政府与企业的关系，重新厘定各自权责，改变企业过度依赖政府包办的局面，突出企业的主体职能发挥，增强面

① 参见王会宗：《中国铁路运输业行政垄断与引入竞争问题研究》，山东大学博士学位论文，2010 年。

向市场的竞争力。

四、铁道部机构改革首次启动

1998年，在第九届全国人大一次会议上确定了国务院机构改革方案，铁道部首次迎来以推进政企分开和转变职能为重点的机构改革。此次改革的重点是将宜由企业负责的职能从铁道部中脱离出来，实现更加专业化的运营模式。以铁路运输管理机构的设置为例，原来运输、机务、车辆、电务、工务等5个部门隶属于铁道部，政府机关的行政色彩突出，但其主要工作就是组织运输生产，并不存在政府介入管理的必要，改革后将这5个部门整块划出，通过职能整合和机构重组，组建了直属铁道部的运输管理机构，实现了职能的科学厘定，避免政企之间的交叠重复。

此次铁道部机构改革的另一大特点是较充分地考虑了铁路路网统一，不便分割，以及铁路运输业大联动机的特性，对全路的运输组织和调度指挥工作仍然实行集中统一管理，以保证铁路运输的安全畅通，保持国家的有力控制；同时，将部分属于企业的职能从行政机关中独立出来，为推进政企分开做了有益尝试。当然，机构改革的整体性、政策性和协同性往往都非常强，必然涉及职能整合、人员分流，触及个人或团体的切身利益，需要多轮次、常态化地推进改革，但这次针对铁道部内设机构的改革，起到了突出主务主业，提升调度运输效率的效果，对推进铁路行业的改革重组和系统改革产生了深远影响。

五、“资产经营责任制”全面实行

1999年，在铁道部的力推下，当时我国的14个地方铁路局全面实行资产经营责任制，铁道部作为唯一的国家出资人代表，授予地方铁路局资产经营权，地方铁路局对出资人授予的资产享有占有、使用、处分和依法取得收益的权利。[①] 铁道部向地方铁路局下放了包括编制年度运输计划、财务收支计划、设备更新改造、客车更新购置等12项权力，铁路企业的自主权得到增强和扩充。在下放这些权力的同时，铁道部也附加规定了铁路局要履行的义务，即必须服从铁道部在全路网经营上的统一调度和指挥，铁道部则保留组织编制跨局列车运行图、编制月度运输计划和日班计划、路局之间分界口的运力分配和组织专项指令性与重点物资运输的权力。[②] 尽管通过改革下放了一部分权力，但由于存在管理体制的刚性约束，这些方面的所有权仍由铁道部牢牢掌控，其所下放的经营权涉及范围和幅度都比较有限，像编制计划、路网调度、安全监管等核心权力均未下放，且前期下放的权力也在随后政府加强集权中被渐次收回，铁道部对地方铁路局生产经营活动严格管制的局面没有得到根本改变。但改革在一定程度上加快了铁道部的自我建设和市场化进程，优化了铁道部与下属企业和专业公司间的关系，为实现地方铁路局的自主生产、自主经营进行了有益探索，只是政企合一的体制瓶颈难以突破，造成改革的成效和影响都比较有限。

第二节　铁路行业管理体制的改良优化(2000—2007年)

这一时期的改革主要聚焦优化铁路运营模式，通过推行“主辅分离”“网运分离”的试点，提升铁路运营效率，构建有利于竞争的市场主体，为大规模进行铁路建设，扩大路网规模，提高铁路装备水平，全面实施铁路跨越式发展战略提供了发展基础。在此阶段，铁路建设领域市场化的改革也在加速，为缓解资金紧张，开始调动地方参与建路的积极性，启动铁路投融资改革，推动铁路企业股改上市，对优化铁路运营模式和组织结构进行了有

① 参见肖兴志：《自然垄断产业规制改革模式研究》，东北财经大学出版社2003年版，第125页。
② 参见李红昌：《铁路管制的契约分析》，经济科学出版社2005年版，第19页。

益探索。

一、“主辅分离”“网运分离”的改革试点

为适应建立社会主义市场经济体制总目标的要求，1996 年铁道部专门成立了“铁路总体改革办公室”，组织人员到国外考察学习铁路改革经验，在对各种方案进行综合比选后，选择了“网运分离”的改革模式。这种模式的基本思路是政企分开、网运分离、引入竞争、加强监管，采取将客货运输服务和基础设施建设分类运营，分别组建企业组织的改革模式；在财务清算模式上，打破以往不区分类别的“大锅饭”模式，实行客运、货运、路网分账核算，建立“客运收入来自市场，货运收入合并计算，提供服务相互清算”的核算模式①，使运输企业能直接从市场中取得运输收入，逐步形成自负盈亏、自主经营的独立化、市场化的铁路运输企业经营主体。

“网运分离”的改革试点从铁路客运业务开始，率先从单一省份范围内的 4 个直营站段的铁路局开始，进而扩展到广铁集团，并启动了组建客运公司的试点。该公司于 2000 年 12 月挂牌成立，在处理同各铁路分局和路网生产组织关系方面，进行了大量积极有益的探索；2002 年，在总结前期试点经验的基础上，在剩余的 9 个铁路局正式组建成立客运公司，这意味着在当时建制的全部 14 个地方铁路局都进行了一定程度的“网运分离”的改革试点。同时，对铁路路网进行单独剥离，成立一家全国性的路网公司，负责路网的建设、保障和铁路调度，并先后在昆明、广铁等几家铁路局进行了试点，但改革只在小范围内实现，随后便被国务院叫停，原因在于铁路运输企业对路轨的依赖程度相当高，线路使用费的标准及列车时刻表都要依赖铁路主管部门的审定。如果铁路路网采取独立的公司化经营，很可能会出

① 参见张梦龙：《基于公共物品属性视角的铁路改革结构特性研究》，北京交通大学博士学位论文，2014 年。

现因一家独有线路而导致线路垄断的局面，引起上部经营的无效率和整体资源利用的不经济，在改革试点了三年后便宣告终结，没有向全国推广。

为推进主业和辅业有序分开，铁道部分两个阶段推进了“主辅分离”的改革。所谓“主辅分离”改革，指的是优化调整铁路运营模式，突出运输主业，剥离辅业的一次改革尝试。成功实施改革，关键是精准确定何为主业和辅业。与主业相对的辅业，可按照是否与运输主业间存在范围经济，以及是否与生产经营和运输等铁路核心业务关联度相对较低予以分离。为此，铁道部分两个阶段进行了“主辅分离”的改革。

第一个阶段开始于 2000 年。根据中央关于国有企业“抓大放小”的改革要求，铁道部大规模剥离辅业，原来由铁道部直接管理的机车车辆工业总公司、工程总公司等 5 个非运输企业和北京交通大学、西安交通大学等 10 所高等院校，总计 71 万多人从铁路系统脱离；经过改革，铁路行业得到了有效“瘦身”，人员实现了安置分流，全国铁路职工由 300 万人缩减到 248 万人，形成了铁道部下辖领导 18 个地方铁路局和 3 个专业铁路公司（中铁快运、中铁特货、中铁集装箱）的管理模式。

第二个阶段起自 2003 年 8 月。在全路范围内正式启动“主辅分离”改革，改革的重点是剥离铁路公检法、卫生检疫、学校、医院和非运输企业，根据性质施行差别化的改革策略，将公检法和卫生防疫部门统一移交政府管理，中小学校、医院全部归口施行属地管理；非运输企业进行改制分流。其间，中国铁路还兴起了一轮国有资产的重组热潮，中国铁路工程总公司、中国铁道建筑总公司、中国铁路机车车辆工业总公司、中国铁路通信信号总公司、中国土木工程集团公司先后与铁道部脱钩；部属的 4 个勘察设计院，地方铁路局所属的设计施工企业和中国铁路物资总公司、铁道通信信息有限责任公司也由铁道部移交国资委进行管理。

“主辅分离”改革的重点是剥离与铁路运营主业无关的相关职能，特别是对铁路“行业办社会”的乱象进行矫正，通过铁路交出应由政府和社会承担的职能，实现了精干运输主业和拓展辅业发展空间的“双赢”，但由于改革是在铁道部主导下进行的，很难跳出行政垄断的思维和行为方式，铁路运价在国家严密控制之外还有价外加价、搭车收费，甚至乱涨价的现象[①]；地方铁路在重空车的交接和其他方面与垄断性国铁发生冲突时，很难以公正立场进行协调[②]；铁路行业所承担的普遍服务和公益性项目，也因缺乏政府的有效监管，以及试点中各地执行进度不一，只在小范围试点后便宣告终止，没有取得全国性的改革效果。

二、组织结构的扁平化：撤销铁路分局

此轮改革的重点是在组织结构优化上做文章，撤销铁路分局旨在通过减少铁路行业内部的管理层级，达到提升铁路运转效率和管理效能的效果。这次改革持续的时间较长，自 1983 年开始至 2002 年结束，其间铁道部先后撤销了 21 个铁路分局，将数量由此前的 62 个减少到 41 个[③]，但在铁路行业管理体制上依然维持“铁道部—铁路局—铁路分局—基层站段”的四级组织层次。总的来说，铁路局和铁路分局在数量上有增有减，体制上有分有合，但四级管理模式的布局基本没有改变，这种管理模式在特定历史阶段发挥了积极作用，展现了集中力量办大事和国家统一调度的机制优势，但模式自身所存在的管理层次冗杂、中间环节多、执行效率低的明显弊端，原有体制下两级法人以同一方式经营同一资产，以及在计划经济时期形成的生产关系和相对落后的制度体系，不能完全适应铁路运输的需要，已经成为阻碍铁路行业发展的显性制约。

---

① 参见刘佳丽：《自然垄断行业政府监管机制、体制、制度功能的耦合研究》，吉林大学博士学位论文，2013 年。

② 参见荣朝和编：《探究铁路经济问题》，经济科学出版社 2004 年版，第 75—76 页。

③ 参见李其谚、王亚雪：《铁路分局撤销争议》，《财经》2005 年第 7 期。

为进一步减少管理层次，使铁路行业的组织结构扁平化，在经过充分酝酿调研论证后，2005 年铁道部决定撤销铁路分局，赋予地方铁路局更多管理职权，施行铁路局直管站段，即“铁道部—铁路局—基层站段”的三级管理体制的模式。当时 15 个铁路局（含青藏公司）中设有分局的哈尔滨、沈阳、北京、郑州、济南、上海、广州、成都、兰州和乌鲁木齐等 10 个铁路局，都在此轮改革中撤销了铁路分局；新成立了太原、西安、武汉 3 个铁路局，由此形成了目前全国 18 个铁路（局）集团公司，如表 3-1 所示。

表 3-1　我国铁路管理层级调整前后对比

调整前	调整后
施行四级管理体制，即“铁道部—铁路局—铁路分局—基层站段”的四级管理结构	铁路局直接管理站段，即“铁道部—铁路局—基层站段”的三级管理结构
共有 41 个铁路分局	撤销全部铁路分局
15 个地方铁路局（公司）：哈尔滨、沈阳、北京、呼和浩特、郑州、济南、上海、柳州、成都、昆明、南昌、兰州、乌鲁木齐、广州、青藏铁路公司	改组重建 18 个地方铁路局（公司）：哈尔滨、沈阳、北京、呼和浩特、郑州、济南、上海、南昌、柳州、成都、昆明、兰州、乌鲁木齐、青藏铁路公司、广州、太原、西安、武汉

另外，除了施行三级管理体制，铁道部当时还准备在北京、上海、广州、武汉新建四大铁路枢纽，并在大多数原分局所在地设立作为铁路局派出机构的办事处，以打破计划体制时期所形成的小区域分割格局。2012 年，铁道部进一步规范了铁路办事处的设置，除保留北京和徐州两个办事处外，撤销了其他全部办事处；在中国铁路总公司成立后，这一三级管理体制得到了完整保留，并一直延续至今。撤销铁路分局是对我国铁路组织结构的一次重大调整，这一优化有效矫正了以往铁路局和铁路分局两级法人配置运力资源的乱象，铁路行业的组织结构更为规范，管理层级的减少也带来

运输效率的提高和运能运力的释放；扁平化的管理组织结构，使机、车、工、电、辆各个站段成为独立的利益主体，其拥有了更多自主权和决策权，经营规模较调整之前也明显扩大。

三、铁路全行业实施跨越式发展战略

铁路行业的跨越式发展战略肇始于 2003 年，这种发展模式以高频次的铁路提速、大力发展客货运专线和高速铁路为标志，通过高强度的资源投放、短时间的集中建设、大力度的政策倾斜，以期深度改变铁路行业的面貌和格局，着力提升铁路的市场份额和比较优势。跨越式发展战略产生了多方面影响，既推动了中国高铁的迅猛发展，开辟了铁道部与社会资本合作投资的新局面，也曾因一味追求规模扩张和高速度，忽视质量和安全，为安全事故的发生埋下了伏笔。

一是高速铁路发展突飞猛进。跨越式发展所产生的功效与价值，体现在高速铁路项目上马建设的全面铺开和规模化扩展。国家把加快推进高速铁路建设列为一项重点工程，特别是在 2008 年全球金融危机的刺激下，4 万亿元的救市资金中有很大一部分就用到了支持铁路，特别是高铁建设的项目中。铁路系统也敏锐地抓住了这一千载难逢的发展契机，使铁路建设总体上获得了充足的资金保障和最大力度的政策倾斜，在“跨越式发展”政策的高位推动下，在很短时间内，我国就新修建了 1.8 万公里铁路，其中投入运营的高铁里程 8358 公里。2019 年，在建和规划中的铁路就超过 3 万公里，高铁 1.3 万公里，一举奠定了中国在世界高铁版图的领先位置。据相关机构数据评测，我国高铁的总体进程被加快了 15—20 年。其间，中国高铁的实验速度屡被刷新，2010 年在京沪高铁枣庄至蚌埠间先导段联调联试中，列车最高区间运行时速达到了 486.1 公里，创下了当时世界铁路运营试验的最高时速。

二是开创了铁路建设资本的多元化格局。跨越式发展战略直指以往铁路系统长期存在的机构臃肿、人浮于事、效率低下、缺乏竞争的顽疾，在铁路融资和与外资谈判等方面形成了一些务实管用的成熟模式，尤其是在高铁项目的资金筹措上，各地投资高铁的热情被充分激发，一度形成了争抢高铁建设项目的局面，从根本上改变了铁路建设筹资难、投资渠道单一、负担重的困境，形成了铁路主管部门与地方政府、社会资本常态合作的格局。

三是过度执着于高速导致对安全的轻忽。跨越式发展战略因对铁路高速度运行、大规模建设的迷恋与执着，带来的最突出问题就是过度投资和超能力建设，一些项目忽视我国铁路的发展实情和所在地区的经济社会条件，盲目上马明显加剧了资金紧张和资源消耗。从国民经济发展的总体定位上看，铁路是一个特别"经不起折腾"的行业，却一下子成为大手大脚花钱的部门，加之部分领域缺乏有效监管和制约，由此在行业内部产生了大量的资源浪费和腐败寻租，对效率和速度的过度重视，以及长期狂飙突进的发展模式，造成铁路安全冗余系数大幅下降，特别是在铁路基础设施建设、调度指挥系统建设和整个行业的综合保障尚处在较低水平的情况下，给铁路行业的长远健康发展埋下了巨大隐患。另外，铁道部大刀阔斧撤销分局、合并站段，有效改善了铁路生产运输业务以往被过分切割、管理分散的局面，但也在一定时间和空间范围内造成铁路内部管理体系的混乱，打乱了正常的铁路运输秩序，成为随后两起特大铁路安全责任事故的触发因素之一。

第三节　对铁路安全责任事故的深度反思（2008—2012年）

2008 年 8 月 1 日，在北京奥运会开幕前夕，第一条设计时速 350 公里的京津城际高速铁路开通运营，引领中国铁路正式步入高铁时代，但在此前后发生的两起特大铁路责任事故带来的深刻教训令人痛心和警醒，给保持了近十年高速发展的中国铁路按下了慢进键，甚至在一个时期出现了暂时的停止，也由此相继引发了高铁降速、银行限贷、资金紧张、新线停工等一系列负面连锁反应，倒逼高铁进入以降低运行速度换取安全冗余的特殊发展阶段。在一系列的事故调查与问责中，长期隐匿在“黑箱”内的积弊被集中揭露曝光，由此直接引发国家和社会对铁路行业管理体制和发展模式的深刻反思，推动了后续改革的加速和铁路行业的深化改革进程。

一、两起特大铁路责任事故的原因分析

在此阶段发生的两起特大铁路交通责任事故，是新中国成立以来伤亡人数最多、社会关注度最高、影响最恶劣的铁路责任性安全事故，两起事故所产生的连锁反应直接改变了中国铁路的发展走向。

2008 年 4 月 28 日 4 时 41 分许，T195 次（北京—青岛）列车运行至胶济铁路周村至王村间发生脱线，第 9 节至 17 节车厢在铁路弯道处脱轨，冲向上行线路基外侧，与此时正常行驶的 5034 次（烟台—徐州）列车以 70 公里/时的速度发生撞击，造成 72 人死亡，416 人受伤。

2011 年 7 月 23 日 20 时 30 分许，D301 次（北京南—福州）列车与 D3115 次（杭州—福州南）列车在浙江省温州市境内的甬温线发生动车组列车追尾事故，六节车厢脱轨，共造成 40 人死亡，172 人受伤，中断行车 32 小时 35 分，产生直接经济损失 19371.65 万元。后经调查确认，证实这是一起因列控中心设备存在严重设计缺陷，上道使用审查把关不严，雷击导致设备故障后应急处置不力等一连串因素造成的特大铁路安全责任事故。

事实上，两起特大责任事故都一定程度上表征了“政企合一”模式对铁路的运营安全和有序管理所构成的实质性威胁。在政企高度合一的实然状态中，铁路行业权责杂糅、条块分割、多头管理的混乱体制造成政府和铁

路企业职能双双缺位，铁路在建设中大量存在违反正常基建程序和盲目缩短工期的情况，施工对铁路行车的干扰和影响也很明显；运营单位在铁路建设中被赋予出资人与建设单位职责的乱象都已经见怪不怪，这些都使得铁路运营单位经常因出现相互打架的指令而无所适从；加之铁路内部长期推崇“大干苦干拼命干”的工作作风，致使组织机构和铁路员工疲于应付，心理长期承压，长期存在抵触、排斥和不满的情绪。其间，行业主管领导也曾以“陆上航班”的标准要求确保高铁安全万无一失，但这一清醒准确的判断在当时高铁如火如荼的发展态势下被认为是多余的担心，而本应有效履行安全监管职责的部门，在政企合一的体制下，很难真正刀刃向内，往往监督问责流于形式，不仅不能扫雷排雷，反而成为埋雷和引发安全问题的始作俑者，对此事故的总结反思也成为促动下一轮改革的重要考量。

铁路安全监管的失守和事故调查机制的不作为，是铁路特大责任事故发生的两个主要推手。从安全监管的职能分工上看，尽管铁路系统都设有安全检查和监督管理部门，18 个地方铁路局也都设置了专门负责安全监管的“安监室”，但根据《生产安全事故报告和调查处理条例》《铁路交通事故应急救援和调查处理条例》的规定：只有造成 30 人以上死亡或者 100 人以上重伤的特别重大事故，才由国务院或者国务院授权的部门组织事故调查组进行调查，而其他等级的事故则由铁道部或事故发生地的铁路管理机构，即地方铁路局组织进行事故调查，这意味着绝大部分安全事故的调查处理都是内部消化，并未引入第三方机构的独立调查机制。如果铁道部是政企分开的机构，这种规定还可以勉强解释，但在政企合一的模式下，监管机构与主管部门合二为一，制度设计本身就决定了不可能给出客观公正的调查结果，责任推诿，只唯上不唯实，大事化小、小事化了的现象几乎是该体制催生的必然结果。[①] 惨痛事故教训的背后折射出的是铁路部门对安全监管和安全管理的轻忽，将发展置于安全之上的政绩观和强烈的利益冲动，构成了两起事故发生的深层次动因。[②]

二、铁路安全责任事故引发的连锁负面影响

上述两起铁路特大交通责任事故震惊中外，也让中国铁路自身的运行安全程度与发展模式饱受批评，尤其是“7·23”甬温线动车组特大安全责任事故发生后，围绕高铁的攻讦与质疑声一时间铺天盖地，也出现了不少刻意抹黑中国高铁的声音，社会对高铁的认可度与信任度陡然下降，给中国高铁的安全性、成熟度和品牌价值一度带来沉重打击。对此，2013 年 7 月 28 日，在“7·23”特别重大铁路交通事故现场回答记者提问时，有记者问时任国务院总理温家宝“温总理，请问你认为这场事故究竟是天灾还是人祸”，温家宝强调政府正在进行严肃认真的调查，他作出了如下的正面回应：“我们的调查处理一定要对人民负责，无论是机械设备问题，还是管理问题，以及生产厂家制造问题，我们都要一追到底。如果在查案过程中背后隐藏着腐败问题，我们也将依法处理，毫不手软。只有这样，才能对得起长眠在地下的死者。”[③]以此事件为标志，铁道部调整中国高铁发展模式，在价值排序上，开始将安全性作为中国高铁的首要价值。

一是迅速启动高铁降速。高铁的核心价值就在于它的高速度和安全性，高铁曾被誉为人类交通运输发展史以来安全系数最高的交通运输工

---

① 2008 年 1 月 23 日，在“4·28”胶济铁路事故发生前三个月，济南铁路局管辖的胶济线就发生了动车组撞死 18 人、撞伤 9 人的重大事故，但按照事故调查的认定标准，本该作为调查问责对象的济南铁路局却成了开展调查的主体，事故调查原因和处理结果被草率地认定为是一支没有资质且违反铁路运营规定的农民包工队擅自进入铁路护网所造成的，只被定性为一起普通的“路外交通事故”。

② 参见宋华琳：《铁路事故调查法律制度的建构及反思》，《浙江社会科学》2012 年第 2 期。

③ 《温家宝在动车事故现场会见中外记者（实录）》，2011 年 7 月 28 日，https://news.cntv.cn/china/20110728/110123.shtml。

具，这是高铁引以为傲的立身之本。事实上，在这两次事故发生前，在跨越式发展战略和国家政策、资金等政治势能的发挥与高位推动下，中国铁路以非常规、跨越式的方式一路狂飙突进，中国高铁的运营里程、通达范围、客运周转量等指标一举超越日本、德国等高铁先发国家，取得了举世瞩目的成就，但也存在项目缺乏审核机制、盲目上马，过分重视速度而忽视安全和品控的巨大隐患，直至两起特大责任事故的发生，才倒逼铁路行业开始全面反思铁路发展模式，并引起了中央高层领导的关注。这两起事故所带来的最深刻启示是对高铁建设目标的根本转换，由以往的速度与规模优先转变为安全和品质优先，安全这条底线、红线和生命线成为贯穿高铁运营全过程的核心。国务院牵头部署开展高铁及在建项目的安全大检查，连续启动两轮高铁降速，京津城际、沪杭高铁降至 300 公里/时运营，时速 350 公里的高速铁路暂时在世界上消失；设计时速 250 公里的高铁全部降至时速 200 公里，在既有线上按照 200 公里/时运行的动车组列车全部降速至 160 公里/时，相当于部分抵消了全国铁路第六次大提速的成果，政策的意图是希望以降速换取更大的安全，重新赢得公众的信任；同时，对拟建设铁路项目重新组织安全评估，暂停审批新的铁路建设项目，标志着中国高铁进入全面调整阶段。从实际效果看，这种应急性的政策调整注定了它的短期性、临时性，本身也具有一定的“运动式治理”的色彩，并非长久施行的治本之策，关键还是要从铁路行业的管理体制、运营模式和事故调查机制入手，以全面系统的制度设计推动行业全域的改进完善。

二是普遍遭遇银行限贷。铁路责任事故带来的另一个致命影响是高铁建设的资金开始出现筹措困难。过去，铁道部以国家部委的身份进行股票发放，或以借贷的方式融资，拥有极佳的金融信用，是金融机构争相拉拢的对象，连续多年高铁建设资金投入来源的 80%以上都依赖于银行提供的低息专项贷款。事故发生后，高铁发展的前景一度被外界看衰，金融机构对铁路建设资金的审批和拨付进行了严格卡控，限制借贷、放贷。以往铁道部在与金融机构打交道时占据“买方市场”的优势地位，银行纷纷拿出各种优惠政策，希望能搭上高铁发展的快车，在高铁大规模建设中分到一杯羹，将铁道部当作一个行业主管部门而不是单一的融资主体，在基准利率上执行的都是下浮10%的标准。事故发生后，银行的态度发生了颠覆性变化，出于评估资金安全和收回概率的考虑，有的停止给铁路放贷，有的则将基准利率由此前的10%上调至15%，这一连串的变化相当于断了高铁发展的现金流，缺乏周转资金的产业链，随时有断裂危险，给高铁带来的打击是致命的。当时，包括中国中铁、中国中建、中国南车在内的几家上市公司的资金状况都到了崩溃的边缘，造成大批在建高铁项目被迫停工，仅广东省境内就有厦深高铁、贵广高铁、南广高铁三条主干线停建，还由此引发了大量参与建设高铁的农民工欠薪事件，已经完成90%工程量的兰渝铁路被迫停工，数万名工人讨薪，导致行业出现短暂震荡波动和部分特定就业群体与利益关联方的不稳定。

三是深度开展问题反思。“冰冻三尺非一日之寒”，铁路行业的积弊顽疾的形成绝非一日之功，都是长期演化的结果，问题的复杂性和改革难度超出想象。早在2008年中央启动第一轮大部制改革伊始，关于将铁道部并入交通运输部，推进“大交通”布局建设就众说纷纭，之所以保留铁道部，更多的是考虑到彼时正处于铁路跨越式发展的关键期，保留铁道部有利于在国家统一领导下加快铁路建设，有助于政策延续和各项工作的接续开展，对于提升运输效率、有效解决铁路运能不足、缓解客运高峰期“一票难求”的状况也有裨益，因而采取了继续保留铁道部并维持国家对铁路运价严格管制和高度统一管理的方式。这也使得不少深层次问题并未得见天日，而是潜藏在水面以下，未能得到及时有效的精准干预，铁路行业非理性、盲目性的劣势始终存在，一些或明或暗的风险点也在潜滋暗长，贪腐寻租、攻守同盟、政商勾结等乱象层出不穷，铁路行业在管理体制、组织架构、安全运营等方面积累的负面效应日益明显，亟待以整体改革的思维调整重塑。

铁路责任事故调查产生的另一副产品是倒逼铁路行业加速改革进程，推进政企分开，并借助事故问责和公众关注的叠加效应，引发高层关注，形成了自上而下的共识。全球知名的政策咨询公司高盛在其发布的研究报告中就预测：甬温线动车事故或将加速铁道部的改革步伐，推进铁道部政府兼企业双重身份的剥离和功能分开。事故发生后的第二年，在 2013 年 3 月召开的全国两会上，铁路系统的“大部制”改革正式启动，完成了组织形态和职能划定上的政企分开，大大加速了铁路深改的进度，这可视作铁路特大安全责任事故反思的另一重要成果。

第四节　铁路行业政企分开的深入推进(2013年至今)

政府与市场关系的调适事关经济体制改革的成效，是首先要给出回应的核心问题。党的十八大以来，重大领域和关键环节的改革持续向纵深推进，从中央到地方都在致力于通过规范政府履职方式，加快转变政府职能，推进深层次的简政放权和全领域的政企分开，激发市场活力，提升企业的竞争力，其中铁路行业能否实现改革突破和体制破冰，是衡量全面深改成效的一个重要指标，对于其他行业的引领和示范作用也很突出。以 2013 年这轮改革为标志，铁路行业的深改与善治就此进入活跃期，基于组织形态上的政企分开，高速铁路迅猛发展，高铁“走出去”战略落地，投融资体制展现出多元化的态势，铁路发展由此进入崭新时期。

一、铁路行业完成组织形态的政企分开

2013 年 3 月，根据十二届全国人大一次会议批准的《国务院机构改革和职能转变方案》，对铁路系统推进政企分开作出具体安排，撤销铁道部，并将铁道部的职能一分为三，其中企业职能由新成立的中国铁路总公司承担，负责铁路运输统一调度指挥和铁路建设，经营铁路客货运输业务，承担专运、转运任务和安全生产主体责任；将铁道部的行政职能分别划归新组建的国家铁路局和交通运输部，其中有关铁路发展规划和政策的行政职能由交通运输部直接管理，国家铁路局接受交通运输部的行政领导，主要负责拟定铁路技术标准，监督管理铁路安全生产，由此奠定了“后铁道部”时代“三分天下”的全新管理体制（见图 3-1）。另外，此轮改革还强调国家将继续支持铁路建设发展，特别是加大铁路投融资体制和运价改革的力度，政府主动承担相应职责，建立规范的公益性线路和运输补贴机制。

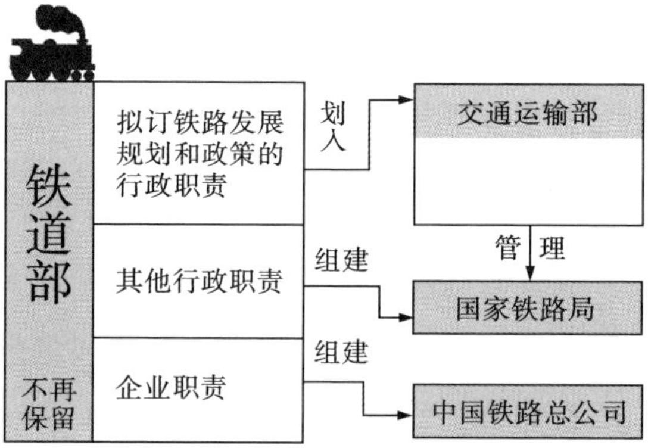

图 3-1　我国铁路系统政企分开的机构改革方案

作为落实铁路政企分开的关键措施，“主辅分离”的改革也在稳步推进。截至 2014 年年底，原属铁路行业管理的 826 所中小学校、208 所医院

已全部移交地方政府管理，与铁路完成了脱钩，并平稳移交近 40 万名职工，在剥离这些相关辅业后，从业人员由 320 多万减至 148.7 万，有效减轻了铁路的发展负担，改变了以往铁路“行业办社会”的局面，铁路行业的专业化、规范化特征更为凸显。

此轮改革的目标导向非常明确，就是对准铁路行业长期政企不分所产生的体制积弊和管理混乱，因此从制度设计到措施执行，都旨在强化中国铁路总公司的企业属性和市场属性，削减其作为铁道部继任者的行政属性和垄断色彩，通过推进企业内部改革和建立现代企业制度，扩大企业的经营自主权，提高内生动力，增强发展后劲，希望使铁路总公司能够按照公司章程的要求，成为名副其实的市场经营主体，形成政府依法规制，企业自主经营，社会广泛参与，多元主体共治的行业发展格局。诚然，在政策执行和措施落地的过程中，还有一些不尽如人意的地方，比如在市场准入、运输安全、服务质量、出资人职责等方面的监管还比较薄弱，适应政企分开新形势的铁路监管体制尚未形成。因此，目前所实现的政企分开还处在低层次、不彻底的阶段，距离政企分开调整到位的状态还有不小的差距；加之铁路行业体系庞杂、环节众多，绝非短时间内就能立竿见影，必须做好久久为功、绵绵用力的准备，在改革实践中逐步积累与深化。

二、高速铁路迎来新一轮发展黄金期

伴随铁路行业深度反思和整顿后展现的新气象，最重要的是中国高铁常态化的安全运营以及所展现出的通达性好、准时度高、受气候影响小的比较优势，社会对高铁的认识开始回归理性。近年来，铁路作为国家重大基础设施的地位和作用日益凸显，国家也将铁路特别是高速铁路置于优先发展的战略位置，提出要多措并举推进铁路行业治理和投融资体制改革。在此期间，国务院多次在常务会议上专题研究有关铁路改革的重大事项，并审议通过了《铁路安全管理条例》,进一步释放出支持和保障铁路事业发展,推动铁路深化改革的鲜明信号。

为保障中国高铁装备制造、集成生产和技术创新处在世界最前沿,2014年,国家正式启动了中国南车与中国北车的重组整合项目,合并成立了新的中国中车股份有限公司(A+H股同步上市),中国中车迅速成为全球高铁装备制造领域的巨无霸,为关键环节的技术创新和重大攻关提供了保障。同年6月,由我国自主研发、生产的全新一代标准动车组下线,这代动车组完全按照中国标准、中国技术打造,车体造型、牵引制动、动力转向、受电弓传导等核心技术都具有完全的自主知识产权,车的内饰、功能和布局随处可见中国元素,这就是目前投入运行的“复兴号”动车组。2017年6月,时速350公里的“复兴号”动车组正式上线运营,北京到上海的运行时长缩短至4小时内。一年内,“复兴号”累计发送旅客4130万人次,单日最高客座率达到97.6%,始发和终到的正点率分别为98.7%和94%,旅客出行的时间成本进一步降低;随后,16节车厢的长编组“复兴号”开始大规模投放运行。2018年7月,随着广深港高铁香港段的正式运营,内地高铁路网直达香港,单日就有170.5对“复兴号”动车开行。[①] 截至2024年上半年,全国铁路日均安排开行旅客列车10256列,相较2023年同期增加882列,增长9.4%。高铁的路网纵深和覆盖范围进一步扩大,在加快区域发展,增进社会效益方面的贡献突出。

近年来,中国高铁的技术攻关水平和自主创新能力不断提升,按照“引进消化—本土化改造—技术再创新”的发展模式,我国在高铁的建设、运营和技术研发上,已经掌握了集设计施工、装备制造、车辆控制、系统集成、运营管理于一体的成熟技术标准。在项目建设中,成功克服了各种复杂地质

① 参见《“复兴号”运营1周年发送旅客4130万人次》,2018年6月27日,https://www.thepaper.cn/newsDetail_forward_2222869。

和气候难题，积累了在不同地质条件和气候环境下建设和运营复杂高速铁路的成熟经验，其中既有经过零下 40 摄氏度，处在极寒地带的哈大（哈尔滨—大连）铁路、哈牡高铁[①]，也有在台风高发状况下保持安全运行的海南环岛高铁；既有经过“大风区”和戈壁沙漠的兰新高铁，也有被誉为“超级高铁”，施工隧道长度超过总长度一半的贵广高铁[②]。作为 2022 年北京冬奥会重要交通保障设施的智能高铁——“京张高铁”（北京—张家口），采用云计算、物联网、大数据等最新尖端技术精心打造，是我国第一条采用自主研发的北斗卫星导航系统，也是世界上第一条最高设计速度 350 公里/小时的高寒、大风沙高速铁路；已建成通车的西成高铁（西安—成都）和已通过规划建设的渝贵（重庆—贵阳）高铁，都是完全依靠本土化自主创新的典型，在世界高铁史上留下令人惊叹的中国印记。其中哈大高铁是世界上第一条穿越高寒季节性冻土地区的高铁，京广高铁是目前世界上运营里程最长的高铁线路，还有世界上一次性建设里程最长的兰新高铁，充分展现了中国高铁的技术优势与核心竞争力。经过十几年的扎实深耕与快速发展，目前我国在高速铁路的轨道、路基、隧道、桥梁等基础设施建设，以及牵引供电、列车运行控制、运营管理、安全维护等方面，形成了一套完整、体系化的技术应用标准[③]，达到世界领先水平，成为全球高铁领域中技术体系最完整、集成能力最强、商业化运行速度最快、列车运营密度最高、运营里程最长的国家。

---

① 哈牡高铁（哈尔滨—牡丹江）是“八纵八横”高速铁路网的最北端，2018 年 11 月正式进入运行试验阶段，标志着我国在极寒条件下建设高铁取得重大技术突破。

② 参见《叩问“高铁之国”——中国高速铁路发展调查》，2015 年 1 月 26 日，http://www.xinhuanet.com//fortune/2015-01/25/c_1114121495.htm。

③ 参见郑凯峰、邵海涛、郝佳佳：《中国高铁走出去的积极意义和应对措施：“中国高铁走出去战略高峰论坛”嘉宾发言综述》，《西安交通大学学报》（社会科学版）2014 年第 1 期。

三、中国铁路“走出去”战略落地

自 2014 年以来，中国铁路“走出去”的步伐明显加快，在国家战略和多边经贸合作的支持下，中国援建海外的多项铁路建设项目成功落地，如表 3-2 所示。中国铁路国际有限公司专门负责拓展海外铁路运营合作项目的谈判、接洽和保障项目实施，中国铁路机车车辆装备制造企业也在积极拓展海外市场，中国制造的铁路机车、动车组、地铁车辆、有轨电车开始进军亚非和欧美国家，“走出去”的方式日趋多元，内涵日益丰富，不再是以往简单的劳动力或产品输出，而是技术、标准、人才的全方位输出。在政府合作机制和多边协议的直接推动下，由中国铁路总公司牵头的多家中国企业组成“抱团出海”的联合体，发挥联合优势，提升中国铁路项目的总体竞争力。在此期间，印尼雅万高铁、俄罗斯莫喀高铁、马新高铁、中老、中泰、匈塞铁路项目进展顺利；中国通过中铁国际与匈牙利铁路公司合作组成联合体投标的方式，拿下了位于东欧的匈塞(匈牙利的布达佩斯—塞尔维亚的贝尔格莱德)铁路项目。此外，中国高铁向美国和俄罗斯进军的脚步也在加速，尽管在参建美国高铁的进程中，有美方单方面撕毁双方协议，宣布终止合作的小插曲，但美国铁路建设的庞大市场和对高铁建设的迫切需求，不能改变中美在高铁建设上展开紧密合作的大趋势。短短几年时间，中国高铁已漂洋过海，成功实现了高铁建设技术和装备制造体系化、规模化的对外出口。

表 3-2　近年来中国高铁“走出去”项目进程一览表

时间安排	高铁线路	项目进展
2014 年 2 月	新马(新加坡—吉隆坡)高铁	低调竞争，提出参与竞标的意向

续表

时间安排	高铁线路	项目进展
2014 年 10 月	俄罗斯莫斯科—喀山段	签订规划设计合同;2018 年四季度开工,预计 2024 年建成通车
2015 年 4 月	印度新德里—孟买高铁	就项目建设进行可行性调研
2015 年 9 月 13 日	美国西部快线	中美就成立合资公司达成战略共识
2015 年 10 月 22 日	英国高铁 2 号项目	邀请中国企业参与投标
2015 年 11 月 13 日	中老(中国—老挝)铁路	已签约,2016 年 12 月全线开工,2017 年中进入全面施工状态,2021 年 12 月 3 日正式通车
2015 年 12 月 23 日	匈塞铁路	2015 年 12 月完成项目启动,2018 年塞尔维亚境内段已正式开工建设。贝尔格莱德至诺维萨德段已于 2022 年 3 月 19 日开通运营。中国研制的匈塞铁路高速动车组已于 2024 年 6 月 7 日正式亮相运营
2016 年 1 月 21 日	印尼雅万(雅加达—万隆)高铁	2023 年 10 月 17 日正式开通运营
一期: 2017 年 12 月 21 日 二期: 2024 年 4 月 22 日	中泰铁路	一期工程曼谷至呵叻段全长 252.3 公里,已进入全面建设阶段,预计 2027 年竣工 二期工程从呵叻延伸至廊开,实现与中老铁路的衔接,预计 2031 年商业运营

近年来,依托“一带一路”倡议及与沿线国家形成的经贸合作关系,中国高铁向外扩张的速度不断提升,覆盖范围不断扩大,仅 2016 年一年就签署了高达 180 多亿美元的高铁协议,目前已与全球 100 多个国家和地区达

成了合作意向。在“一带一路”合作机制的推动下，近年来，中欧班列开行的频次和密度与日俱增，2024 年 5 月 25 日 8 时 40 分，随着 X8157 次中欧班列（西安—马拉舍维奇）从西安国际港站开出，中欧班列累计开行 9 万列。开行规模不断扩大，2016 年至 2023 年，中欧班列年开行数量由 1702 列增加到超 1.7 万列；年运输货值由 80 亿美元提升至 567 亿美元①；运输货物品类扩大到服装鞋帽、汽车及配件、日用百货等 5 万余种。2023 年以来，电动汽车、锂电池、光伏产品“新三样”成为中欧班列运量新的增长点。通道能力持续扩充，经六大口岸出境的三条运输主通道运输能力大幅提升，时速 120 公里图定中欧班列运行线已达 87 条。运行品质稳步提升，时速 120 公里中欧班列最大编组辆数和牵引质量分别提高到 55 辆、3000 吨，单列平均运量较开行之初提升 34%，中国与欧洲间铁路运输时间较开行之初普遍压缩 5 天以上。西安至德国杜伊斯堡、成都至波兰罗兹等全程时刻表中欧班列稳定开行，全程运输时效较普通班列大幅压缩。截至 2024 年 5 月，中欧班列共发送货物超 870 万标箱、货值超 3800 亿美元；通过中欧班列运输，货物最快 12 天就能到达欧洲，运输时间是海运的 1/3，运输价格则仅有空运的 1/5②；已通达欧洲 25 个国家 223 个城市，连接 11 个亚洲国家超过 100 个城市，服务网络基本覆盖欧亚全境，成为中国与世界各国互联互通，深化经贸往来的重要交通载体，充分发挥了铁路物流运输的优势，如图 3-2 所示。

① 参见《中欧班列累计开行突破 9 万列》，2024 年 5 月 27 日，https://www.nra.gov.cn/xwzx/xwxx/xwlb/202405/t20240527_345276.shtml。

② 参见《中欧班列累计开行 9000 列　职工：新时代的惠民之车》，2018 年 7 月 15 日，https://3g.china.com/act/news/10000159/20180715/32686453.html。

图 3-2　2016—2023 年中欧班列开行情况

四、铁路投融资体制持续优化

铁路投融资体制是铁路投融资活动中所采取的组织形式和管理制度的总称，包含投资主体、投融资方式、投融资调控体系等三项要素。[①] 投融资机制的优化是铁路行业改革的重要组成部分，尤其在政企分开后，铁路投融资领域的改革被寄予厚望，如表 3-3 所示。

表 3-3　党的十八大以来中国铁路投融资的政策汇编

发文时间	政策文件名称	内容要点
2012 年 6 月 16 日	《铁道部关于鼓励和引导民间资本投资铁路的实施意见》	铁道部就民间资本投资铁路作出政策鼓励，并提出一些有针对性的意见和建议

① 参见左大杰：《铁路投融资体制研究》，中国发展出版社 2017 年版，第 63 页。

续表

发文时间	政策文件名称	内容要点
2013年8月9日	《国务院关于改革铁路投融资体制加快推进铁路建设的意见》	推进铁路投融资体制改革，完善铁路运价机制，建立铁路公益性、政策性运输补贴，提高资产收益水平
2013年11月12日	《中共中央关于全面深化改革若干重大问题的决定》	完善现代产权制度，积极发展混合所有制经济，实现产权多元化，加快铁路产权流转，以及建设现代铁路企业制度
2014年3月25日	《国务院关于落实〈政府工作报告〉重点工作部门分工的意见》	完善国有资本经营预算，提高中央企业国有资本收益上缴公共财政比例，在铁路、金融、电信等领域，向非国有资本推出一批投资项目
2014年4月3日	《国务院确定深化铁路投融资体制改革加快铁路建设的政策措施》	确定了设立铁路发展基金、创新铁路建设债券发行品种和方式、引导金融机构支持铁路建设等措施
2014年11月16日	《国务院关于创新重点领域投融资机制鼓励社会投资的指导意见》	用好铁路发展基金品牌，吸引社会资本参与，扩大基金规模；完善铁路运价形成机制
2015年3月25日	《国务院关于落实〈政府工作报告〉重点工作部门分工的意见》	铁路固定投资要保持在8000亿元以上，新投产里程8000公里以上，以用好铁路发展基金为抓手，深化铁路投融资改革，积极推广政府和社会资本的合作
2015年7月10日	《关于进一步鼓励和扩大社会资本投资建设铁路的实施意见》	全面开放铁路投资与运营市场，推进投融资方式多元化，完善社会资本投资的实施机制，加大对社会资本投资的政策支持

续表

发文时间	政策文件名称	内容要点
2015 年 9 月 23 日	《国务院关于国有企业发展混合所有制经济的意见》	实行国有独资或控股，允许符合条件的非国有企业依法通过特许经营、政府购买、委托代理等方式参与铁路的混改
2016 年 7 月 18 日	《中共中央、国务院关于深化投融资体制改革的意见》	明确了投融资体制改革的顶层设计，标志着更深层次的投融资体制改革全面展开
2016 年 9 月 7 日	《国家发展改革委关于中国铁路总公司发行中国铁路建设债券核准的批复》	批准中国铁路总公司以发行铁路建设债券的形式进行铁路建设项目的融资活动，性质为政府支持债券
2020 年 10 月 9 日	《推进基础设施 REITs 试点盘活铁路优质资产》	通过公募 REITs（不动产投资信托基金）推进铁路资产证券化，盘活优质资产，拓宽融资渠道，引导资本参与铁路投资建设

自 2012 年以来，国家密集发布支持和促进铁路投融资体制改革的相关政策文件，这一时期发布的文件就占到整体文件总数的 80%，标志着政策调整进入活跃期。2016 年 7 月，《中共中央、国务院关于深化投融资体制改革的意见》公布实施，这是第一次以党中央、国务院的名义联合下发专门针对投融资体制改革的政策文件，足见国家对该领域的重视，铁路投融资体制改革由此获得了来自国家层面的强力支持。在国家层面，除了出台专项政策予以鼓励支持，国务院还多次召开专题会议，对优化铁路投融资体制进行专题研究，时任李克强总理提出了按照“统筹规划、多元投资、市场运作、政策配套”的基本思路，完善铁路发展规划。随后，国务院多部委联合发布了《关于改革铁路投融资体制加快推进铁路建设的意见》，对推进铁

路投融资体制改革提出明确要求，包括拓宽资金筹集渠道，扩大铁路建设资金来源；完善铁路运价机制，建立铁路公益性、政策性运输补贴的制度安排；向社会资本开放支线铁路、城际铁路、资源开发性铁路的所有权、经营权，引导社会资本有序进入，释放出中央对优化铁路投融资机制的鲜明态度。自上而下的顶层设计，促使地方铁路局纷纷跟进响应，通过开发房地产资源，实现以土地存量换资金增量；扩大多种经营范围，瞄准铁路优质资产，积极加入并推动股改上市等多种形式，体现社会资本在投资上的自由度和灵活性。

五、铁路企业公司制改革循序铺开

建设现代企业制度，推进公司制改革，是铁路落实政企分开，改善铁路管理体制困境，突破铁路行业发展瓶颈的必由之路。施行公司制改革的核心目标就是增强企业发展的内在动力，培育有竞争力的独立市场主体。继2013年中国铁路总公司按照现代企业制度和公司治理章程组建成立国有独资公司后，铁路运输企业的公司制改革就此正式启动，以趋向市场化、保持专业化为标志的公司制改革正式拉开序幕，确定了“三步走”的发展战略。

第一步：对铁总所属的非运输企业率先进行了公司制改革，包括中国铁路建设投资公司、中国铁道科学研究院和《人民铁道》报社等17家机构，这一层面的改革已在2017年前完成。

第二步：对所属的18个地方铁路局，以及中铁集装箱运输有限责任公司等3家专业运输公司进行改革。2017年11月，地方层面的铁路运输企业公司制改造正式启动，18个地方铁路局全部一次性完成了工商注册登记和更名，名称统一变更为中国铁路（地方）局集团有限公司，实现了由传统运输生产型企业向现代运输经营型企业的重大转变，这一步也是铁路全行业公司制改革的核心。在进行公司制改革后，铁路运输企业的性质也由全民所有制企业变更为由中国铁路总公司出资的一人有限责任公司。从组织结构上，18 个地方集团公司按照公司章程的要求建立公司法人治理结构，分别设立董事会作为决策机构，经理层作为执行机构，监事会作为监督机构，将党委会研究讨论作为重大事项决策的前置程序，保持党对铁路行业的有力控制；依法建立了职工董事制度、职工监事制度，健全以职工代表大会为基本形式的企业民主管理制度。此次公司制改革并不改变铁路国有化的性质和国家铁路的基本定位，“中国铁路总公司—铁路局—基层站段”的三级运输管理体系也保持不变，重点是减少各层级间的行政隶属色彩，确认彼此间基于市场联系所形成的关系，强化铁路企业的属性和市场化职能，提高铁路在综合交通运输体系中的位置和竞争力。

第三步：对中国铁路总公司进行公司制改革，这是铁路行业公司制系列改革的最后一步，也是最难的环节。2018 年的政府工作报告提出要“深化能源、铁路、盐业等领域改革”，2018 年年底召开的中央经济工作会议指出“要把中国铁路总公司股份制改造”列为次年经济工作的一项重点，这是对 2015 年《关于深化国有企业改革的指导意见》中提出的“国有企业公司制改革”的积极回应；2019 年 3 月，全国两会再次指出“深化电力、油气、铁路等领域改革，自然垄断行业要根据不同行业特点实行网运分开，将竞争性业务全面推向市场”；2019 年 9 月，中共中央、国务院印发《交通强国建设纲要》，明确要求“推动国家铁路企业股份制改造”。从这些改革的相关要求看，进一步破除铁路行业垄断状态，重点针对铁路行业核心经营主体——中国国家铁路集团有限公司的现代公司制改革，成为政府极其关注的一项重点工作，为铁路行业在新阶段的改革明确了方向。在推进公司制改革方面，国家市场监督管理总局网站的公告显示，“中国国家铁路集团有限公司”的企业名称已于 2018 年 12 月 6 日正式获得核准，而根据铁路系统的内部消息，2018 年 12 月，中国铁路总公司的内部组织结构和高层领导人选就已发生了重大变化，新成立了董事会，由原任总经理陆东福任董事长和党委书记，原国家铁路局局长杨宇栋任中国国家铁路集团有限公司总经理和公司的法定代表人，这被视作配合公司制改革的重大动作。

改革后的中国国家铁路集团有限公司，从其性质上，已由此前的全民所有制企业转变为现代公司制企业，按照《公司法》和《公司章程》进行运营，建立起了标准化、规范化的现代企业制度和公司治理结构，并有序推进铁路企业混合所有制改革和资产资本化，确保从中央到地方的铁路运输企业公司制改革能够做到上下呼应、一以贯之，也表明国家铁路集团有限公司将引入董事会，改变公司治理结构中只有经理层这种单一治理主体的局面，逐步建构起符合现代企业制度和市场竞争需要的公司法人治理结构，为彻底实现政企分开，打破行业壁垒，在政府有效规制下实现充分的市场竞争活动提供组织保障。另外，2018 年中国铁路总公司就已完成了内设机关、直属机构、所属非运输企业的公司制改革，机关部门、二级机构、人员编制分别精简 10.3%、26.6%、8.1%①；在财务和预算管理上，也开始实行以收支刚性约束为目标导向的全面预算管理，人员、机构的精简以及更加集约高效的财务管理制度，为铁路企业公司制改革引向深入打下了有力基础。

2019 年 6 月 18 日，经国务院批准同意，中国铁路总公司正式改制成立中国国家铁路集团有限公司，性质上是中央管理的国有独资公司。作为中国铁路行业的最高主管部门，公司化改革的完成，进一步明确了铁路行业主管部门的职能定位、权限归属，有助于巩固和深化业已推进的政企分开、政资分开，有利于推进铁路行业重点领域的制度创新和经营机制转换，推

① 参见《18 个铁路局改制完成正式挂牌　铁总内设机构精简》，2017 年 11 月 20 日，https://china.huanqiu.com/article/qCaKrnK5LPE。

动国铁企业真正由运输生产任务型向市场经营效益型转变。

第五节 中国铁路行业转型发展的述评分析

改革开放不仅是推动我国发展面貌发生历史性变革的关键一招，也完整见证了中国铁路的转型、跨越、突破和蝶变，我国铁路的管理体制、运行机制、行业重组都实现了深度重塑，铁路行业的发展面貌焕然一新。在这段时间跨度中，以每10年作为一个计量标尺，铁路的发展轨迹与国家和经济社会前进变迁的步伐基本做到了高度一致，呈现出内涵式增长与外延式扩张并进的态势，各项主要发展指标保持中高速、可持续的增长态势，铁路转型发展的质效和成果非常突出，在接力的实践探索中走出了一条适合中国国情和铁路行业内在规律的发展道路。

自1978年改革开放大幕开启以来，我国铁路行业迎来了翻天覆地的变化，也在经历“时空压缩”效应中实现了串联式的快速发展，在四十多年的时间里走完了先发国家几百年的铁路现代化进程，主要业务指标呈几何式增长态势：根据中国国家铁路集团有限公司发布的2024年上半年的数据，全国铁路累计发送旅客20.96亿人次，旅客周转量7779.52亿人公里，均创历史同期新高。目前，我国铁路旅客发送量和周转量等重要指标稳居世界首位；铁路营业里程由改革开放前的5.17万公里增长到2023年年底的15.9万公里，增长幅度达到208%；高速铁路从无到有，运营里程达到4.5万公里，占世界份额超过70%，继续稳居世界第一，刷新多项世界纪录，创造高铁投产运营的新格局；“四纵四横”高铁路网建设完成，“八纵八横”路网即将全面建成，粤港澳高铁顺利通车，香港接入全国高铁网，形成了世界上最现代化的铁路网和最发达的高铁网；自主研发的“复兴号”动车组列车已实现对31个省份的全覆盖；国家铁路旅客发送量由8.07亿人增长到33.17亿人，增长311%，货物发送量由10.75亿吨增长到31.9亿吨，增长197%。以改革开放40年为衡量指标，40年前的春运，铁路旅客发送量首次突破1亿人次，2018年全国旅客发送量已超过30亿人次，相较增长了29倍，铁路运能紧张、运力不足的局面已得到根本改观，瓶颈制约基本消除[①]，铁路对经济社会发展的引领作用更为明显，在国家综合交通运输体系中的首位度和贡献率不断提升，如图3-3所示。

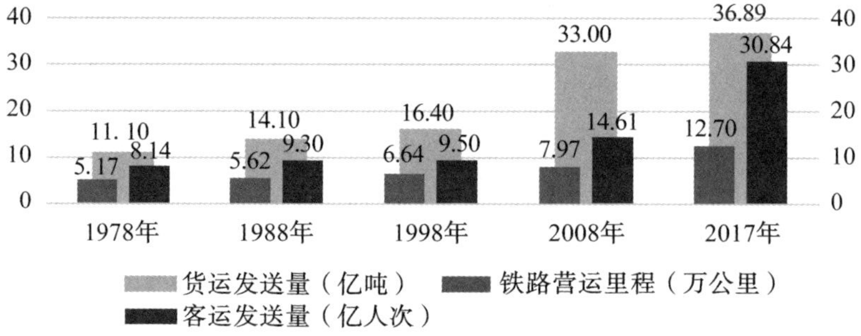

图3-3　改革开放四十年我国铁路行业主要指标发展变化

随着我国铁路六次大提速和高铁、动车的密集开通，客运平均运行时速增长了近5倍，高铁动车运行的平均时速达到250公里，具有完全自主知识产权的"复兴号"动车组运行时速达到350公里，刷新了世界高铁商业运营的速度纪录，初步形成了时速350公里、250公里、160公里等不同速度等级，我国高速铁路施行350公里/时、250公里/时，未来还有400公里/时的梯度化运营模式，涵盖不同编组形式和动力牵引模式，适应各种运行环境需求的高铁系列产品，还在世界范围内首次实现了时速350公里的高铁自动驾驶，如图3-4所示。

① 参见刘宇：《改革开放四十年我国铁路行业的转型质效与深改探索：基于公共管理视角》，《华东经济管理》2018年第12期。

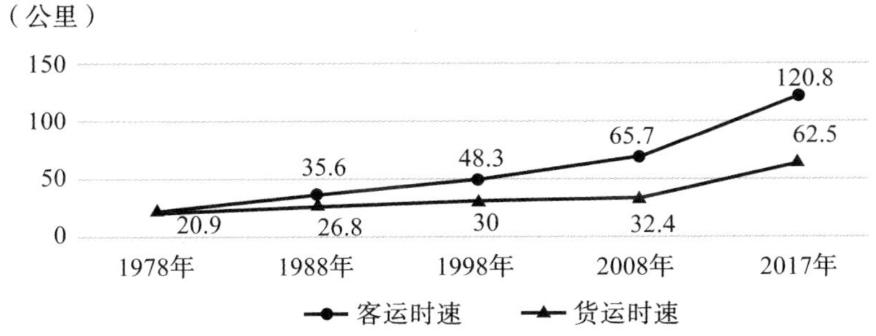

图 3-4 改革开放四十年我国铁路普速列车客货运输时速变化

梳理历次我国铁路改革的演进脉络，基本都依照循序渐进、渐次完善的节奏推进，铁路改革的历程大体也反映了我国经济社会转型发展的轨迹，契合由计划经济到市场经济，再到建立中国特色社会主义市场经济的变迁，中国铁路的改革程度和利益调整幅度不断增大。回顾既往的改革，无论是铁路行业政企关系的调整，还是组织机构的调整重组，抑或对产权、投融资机制、运价改革等市场化经营的尝试，都在一定范围内形成了成果和经验的正向输出，但由于既往的改革大多是在政企合一的模式下进行的，存在一些难以突破的体制障碍和发展羁绊，“没有政企分开，什么改革都是纸上谈兵”，只有从根本上实现政企分开，才能真正突破制约改革深化的瓶颈，推动铁路改革由表及里，向深水区挺进，特别是 2013 年以聚焦政企分开为核心的新一轮改革赋予了铁路行业崭新的发展动力和价值起点，昭示了铁路未来的发展前景。

党的十九大首次确立了“交通强国”的发展战略，铁路随即提出了“交通强国、铁路先行”发展战略目标。党的二十大明确提出“要加快建设交通强国”，这是建设社会主义现代化强国的重要指标，标志着在推进国家治理体系和治理能力现代化的关键期，铁路行业的战略地位举足轻重，行业的深改与善治必将得到来自国家层面更大的支持和政策保障。在“后铁道部时代”组织机构建设“三足鼎立”的局面下，由于中国铁路总公司承担的职能最多，对资源的汲取、掌控和分配的能力也最强，在位者的垄断优势突出。从性质上看，中国铁路总公司依然是一个具有高度行业垄断性的企业，缺乏改善铁路建设状况和运营效率的内在激励，导致触及铁路行业管理体制、财务清算体制、产权关系、利益分配关系等重大改革迟迟难以顺利启动。由此，打破铁路集中统一的管理体制，尽快完成对中国铁路总公司的股份制改造，同步推动铁路企业的公司制改革，这是铁路行业适应交通强国战略建设需要的一条必由之路。这意味着要在保持国家所有和可竞争环节适度市场化的价值导向下，科学确立权责安排，厘定组织边界，谋求形成铁路企业之间基于市场机制的契约关系，以更好理顺国家与铁路、政府主管部门与铁路企业的关系。这也是接下来铁路行业深改与善治的价值逻辑和行动主线。

第四章 | 中国铁路行业治理结构的现实审视

新时代以来,中国铁路的改革与发展持续向纵深推进,保持了谋定后动、蹄疾步稳的发展步调,通过推进重大领域、关键环节的系列变革,取得了举世瞩目的发展成就,集中表现在:加快构建现代化基础设施体系,已建成世界上最大的高速铁路网和先进的铁路网。2023 年,全国铁路投产新线 3637 公里,其中高铁 2776 公里,完成固定资产投资 7645 亿元,同比增长 7.5%。[①] 铁路行业快速发展迈出坚实步伐,取得崭新成绩和丰硕成果。

第一节 新时代铁路行业快速发展的成绩成效

一是运输服务能力显著提升。2023 年,国家铁路完成旅客发送量 36.8 亿人次,高峰日发送旅客突破 2000 万人次,国家铁路完成货物发送量 39.1 亿吨,铁路客货运输量均创历史最好水平。[②]

二是科技创新进展显著。2023 年铁路科技创新联盟成立,"CR450 科技创新工程"取得重大突破,高速列车实现单列时速 453 公里、交会时速

① 参见《国家铁路局发布〈2023 年铁道统计公报〉》,2024 年 7 月 8 日,https://www.gov.cn/lianbo/bumen/202407/content_6961934.htm。

② 参见《2023 年铁道统计公报》,2024 年 7 月 8 日,https://www.gov.cn/lianbo/bumen/202407/content_6961934.htm。

891 公里运行，进一步巩固了我国高铁领跑世界的优势。

三是服务层次提质增效。铁路客运能力和服务品质实现较大跃升，建成了全球访问量和交易规模最大的 12306 新一代客票系统，推出了电子客票、自助进出站、互联网订餐、静音车厢、在线选座（铺）、适老化服务等便民利民措施，铁路旅客运输组织不断优化，客运产品供给日益丰富，深刻改变了中国民众的出行方式，显著增强了人民群众交通出行的获得感、安全感和满意度。

国际合作持续深化，中国铁路积极参与“一带一路”建设，推动铁路基础设施互联互通。2023 年，雅万高铁正式开通运营，中老铁路国际黄金大通道作用日益彰显，中欧班列全年开行 1.7 万列、发送 190 万标箱，同比分别增长 6%、18%。绿色低碳发展加快推进，2023 年，铁路电气化率达到 73.8%，与 2012 年相比，铁路旅客发送量增长 103.6%，货运发送量增长 29%，总换算周转量增长 31.3%。①

上述方面的突破性进展，既是中国铁路主动服务国家战略，心怀国之大者，融入发展大局的生动映照，也是中国铁路在构建新发展格局，落实新发展理念方面的具体体现，以铁路行业自身的高质量发展助力中国式现代化和强国建设、民族复兴的伟大征程。肯定成绩并非沉湎于此、止步不前，更需以强烈的历史主动精神和斗争意识克难攻坚，面对各类可以预料、难以预料的风险挑战、艰难险阻，甚至是惊涛骇浪，必须保持高度的思想清醒与战略定力，客观分析存在的短板，深刻剖析内在的原因，为因症施策、循证纠偏、精准发力提供问题靶向与进阶路向。

---

① 参见王迪：《2023 年国家铁路客货运输均创历史新高》，2024 年 1 月 11 日，https://baijiahao.baidu.com/s? id=1787751886158632235&wfr=spider&for=pc。

第二节　铁路行业治理结构失衡的症结表现

我国现行的铁路行业治理结构存在的较突出问题可从宏观、中观和微观三个层面进行把握。宏观上，由于政企关系调整尚不到位，铁路行业治理模式转型面临瓶颈；中观上，受制于公司治理结构和现代企业制度的建设滞后，铁路行业治理结构的主体缺失，治理要素残缺不全，直接影响了行业治理效能的发挥；微观上，铁路行业治理行为无序失范的情况多有表现，典型如“内部人控制”滋生行业贪腐和权力寻租，破坏行业发展的正常秩序；“条块”分割的管理模式，以及不直接面向市场的企业考评机制，僵化的市场准入和退出机制，造成铁路企业治理绩效认定困难。

一、铁路行业宏观治理模式运转不畅

因应政企分开的发展趋势，我国铁路行业治理模式的转型也被提上日程，希冀以系统性、整体性的方式推动铁路改革换挡升级，但治理模式的转换并非局部环节的优化或个别要素的调整，而是针对整个铁路行业的改革动力和治理状态所进行的根本重塑。以往发起的“网运分离”“公商分离”“建营分离”，以及“横切”“纵切”改革方案的调整，都在铁路行业治理模式调整之列，都要涉及如何有效界定铁路政企关系，理顺行业内部多重委托—代理关系，以及确认公共性和市场性边界等。目前上述方面的现实制约尚未消除，铁路行业宏观治理模式面临转型羁绊。

（一）政企关系杂糅，权责界定不清

伴随国家经济社会转型和铁路行业改革的持续深入，政企不分日益成为铁路发展的羁绊。2013 年的这轮改革，从机构设置和职能分配上实现了初步的政企分开，但在分开的程度上处于浅层次、低水平，既不均衡也不充

分的阶段，并未从职能划分、权责厘定、法规保障等层面实现真正的“实然”分开，政企关系还存在应然设计与实然状态的巨大割裂，具体表现在：中国铁路总公司虽然在名义上是承担铁路市场经营职能的国有独资公司，但相关的公司制改革进展迟缓，在组建成立后6年里，仅完成了人员分流和机构精简，像股份制改革、公司产权设定、法人治理结构建设等触及实质的改革都未启动，造成在18个地方铁路局集体转制为现代运输型集团公司后，缺乏自上而下的对接。由于铁路行业的财务清算模式和收入成本机制也非市场决定，依然沿袭原铁道部留下的集中收归，按确定基数二次分配的模式，使得各地运营生产的真实成本无法得到反映，既不利于既有线运输能力的充分利用，也不利于铁路运输收入总量的最大化。在铁路行业整体缺乏真正市场主体的情况下，实然的政企分开仅停留在理论和政策层面，很难在现实中落地，政府与企业之间的责权利关系、权责配属尚未得到科学配置，造成铁路行业的政企关系依然处在混乱、无序的状态中。

（二）委托—代理层次过多，目标冲突明显

铁路行业内外部存在多重委托—代理关系，这类关系贯穿铁路行业的全方面、各环节。根据外在表现，总体上可划分为两大部分的委托—代理关系，即“所有者及其内部的委托—代理关系”和“经营者及其内部的委托—代理关系”。“所有者”这一层的委托—代理关系体现为：铁路资产归人民所有，人民将管理铁路的职能委托给中央政府代理经营，中央政府又将其授权给铁路行业的主管部门使其作为所有权代理人来经营国有铁路资产。原铁道部和后来成立的中国铁路总公司都是中央政府授权的委托代理人，其再负责选聘经营者，以实现铁路资产保值增值的委托目标。“经营者”这一层的委托—代理关系表现为：原铁道部变身为铁路资产的所有者，以行政力量和行政指令的方式，赋予地方铁路集团公司日常生产、经营铁路资产的权力，地方铁路集团公司成为承接原铁道部授权的代理者，同时它又是下一级委托—代理关系的所有者，委托给下属的各基层站段，每相邻两层之间又形成了新的委托—代理关系，委托—代理的链条由此向下延伸。

委托—代理层次多是政企不分模式的必然产物，所有者和经营者关系不明确，激励与约束机制不健全；因信息不对称和目标不一致，委托—代理的关系越多、链条越长，出现代理人侵害委托人权益行为的概率就会越大。铁路行业目前施行的“中国国家铁路集团有限公司—地方铁路集团有限公司—基层铁路站段”三级管理序列，每一层级之间就是一层委托—代理关系，由此形成的多重委托—代理关系引发了具有不同表现形态的问题。首先，多重委托人的目标冲突难以调和，政府对铁路的介入程度深，铁路企业的委托人不仅包括财产所有者，还包括政府；作为代理人的经营者，不仅要为服务国家战略和完成政府交付的职责而履行必要的社会公益职能，又要以市场主体的角色去追求必要的利润。其次，委托人与代理人的产权界定困难，由于对铁路行业各方的初始性产权没有明确界定，产权模糊的空间较大，使得委托人与代理人在不能充分明确各自拥有的初始权力下，依据双方信息、战略、支付函数等进行博弈，政府的激励与监督由于收益等产权界定不清而无法落实到位，目标实现受到弱激励，甚至负激励。[①] 最后，委托—代理链条较长，代理成本增加，加之信息超载，信息不对称的问题更加突出。

（三）公共性与商业性面临平衡困难

在铁路行业重组进程中，一个核心难点在于需要同时兼顾多方的目标实现，面临“既要，也要，还要”的矛盾冲突，其中最集中体现在对铁路公共性和商业性比重的平衡。基于前文对铁路属性的探讨和分析，铁路的公共

---

① 参见高宏伟：《铁路改革与激励约束机制》，经济科学出版社 2004 年版，第 25 页。

性、社会性、市场性等多种属性并存的现实意味着，必须提供公共运输产品，完成国家交付的社会职能，这是铁路行业的应有之义。作为现代交通运输工具，又对市场经济利润有内在追求，正因如此，铁路既要追求社会效益，也要扩大市场效益，这就产生了公共性与商业性两种权重的平衡问题。迄今为止，国家对铁路行业中的运输环节的经营管理，究竟是将其定位为公益性行业，还是在市场经济体制下按市场化的要求来运营，未作出明确规定，致使公共性和商业性缺乏清晰的边界，在运营中面临两难困境。一方面，铁路作为国家公共基础设施，政府的很多社会目标和公共服务项目要交给铁路来完成，并通常以行政指令的方式下达给铁路。另一方面，铁路企业自身要发展壮大，就要积极走向市场，意味着必须突破既有的价格管制，让价格归市场调节，但现实中，铁路的市场化进程又往往因受制于满足公共属性和适应国家控制的需要，极易导致激励机制的弱化和经济行为的扭曲，突出表现在：铁路运营虽已逐步实现市场化，但铁路运能的调配还要由国家宏观政策进行指导，铁路货运基本是无条件满足国家重点物资运输的需要，其中煤炭、石油、粮食、化肥、军事运输就占据了铁路货运总量的九成以上，货运市场的弹性和调控空间很小，很难再根据市场供求关系的变化自主确定运价；而与此同时，国家对铁路上缴利税的额度提出明确要求，似乎又将铁路等同于其他市场化经营部门，希望铁路获得较理想的经济利润和经营效益。[①] 这种双重角色定位的内在矛盾，使得铁路运营常陷入无所适从的困境，无谓消耗了很多改革动力。因此，铁路在改革进程中对公共性和市场性的平衡，不只是一个重组的技术性问题，还是一个复杂的财政性问题，这也就容易理解为何本身不具备政府公共财政职能的原铁道部或中国铁路总公司却要独家承担铁路基础设施的公共投资和铁路公

---

① 参见张梦龙：《基于公共物品属性视角的铁路改革结构特性研究》，北京交通大学博士学位论文，2014 年。

益性运输服务的职责。

二、铁路行业中观治理结构主体缺位

铁路行业治理的中观层面主要体现在治理结构的主体缺失和要素残缺,其中以中国铁路总公司的治理结构最为典型。中国铁路总公司作为国有独资公司,在公司管理的基本原则上,施行的是"总经理负责制",总经理的角色类似于原铁道部部长,第一任总经理就是原铁道部部长盛光祖,由国务院任命,属正部级行政官员。在公司内设机构中,只有一个"经理层"在发挥作用,董事会、监事会都未建立,同时处在缺位状态。董事会的缺位有其一定的合理性,由于中国铁路总公司是归国务院直属管理的正部级国有独资公司,由国家全权出资、全权控股,只有一个"国家股东",并不存在其他形式的股东,也没有股权分置,不设股东大会是合理的,18 个地方铁路局在转制为集团公司的过程中也没有成立股东大会。但中国铁路总公司有自身的公司章程,也明确提出要按照现代企业制度的要求完善组织机构,实现公司化、市场化运营,作为维持公司治理结构正常运转的两个重要机构——董事会与监事会的依法设立和高效协同,是必不可少的关键环节,也是公司治理结构正常履行职能的基本前提。这两个机构的整体缺失是治理结构主体缺失的集中表现,并直接导致相关要素残缺,责权利的制度安排无从谈及,是中国铁路总公司和地方铁路集团公司关系运转不畅,职能发挥不充分的症结所在。

按照前期中国铁路总公司向社会公布的"三步走"改革方案,对非运输企业进行剥离、人员分流和职能整合是系列改革的第一步;中间环节是启动 18 个地方铁路局的集体转制,并按照现代企业制度的要求对应组建独立的公司法人,形成公司治理结构,为铁路企业的公司制改革提供地方经验;最后一步是推进铁路总公司的股份制改造,在党委领导、党政协同的前提下，建立以董事会、监事会和经理层为主体的现代公司法人治理结构，并以铁路优质资产混改、股改上市等方式，逐步丰富公司制改革的实践模式，推动铁路企业在生产、经营和管理上更多趋于市场化和专业化。值得注意的是，铁路行业公司制改革的顺序是自下而上，希望以地方改革的经验教训作为中国铁路总公司公司制改革的重要参照，形成倒逼改革的态势，但在实践中却因铁路行业治理结构主体的缺失，产生责任真空和执行衰减。

在国企改制的过程中，多数都会面临"新三会"（即股东大会、董事会、监事会）与"老三会"（即党委会、职工代表大会、工会）之间的关系调处和权责设置。这本来应是铁路在深化改革中必然要面对的问题，但由于此前中国铁路总公司尚未按照现代公司制的要求建立"新三会"，相关职能还要依赖于"老三会"的发挥。不难看出，铁路行业治理结构的机构组成尚处于严重缺失状态，特别是在铁路运营领域，铁路总公司仅有现代公司制度之名，相关的内设机构、管理模式、运行机制和层级关系，不少方面，甚至是核心领域与关键部门，依然还沿袭原铁道部时期的配置，并未遵照市场经济的内在规律，以企业法人制度为主体，以公司制度为核心，形成"产权清晰、权责明确、政企分开、管理科学"的现代企业制度。

三、铁路行业微观治理行为无序失范

（一）铁路系统"内部人控制"现象突出

"内部人控制"从计划经济体制中脱胎而来，是国家转型和经济社会体制转轨中大概率会出现的现象，意指在股权高度分散的情况下，国有企业的经营者在未经作为所有者的政府的正式授权情况下，实际掌握了企业的剩余权力①，经理人员依循"经纪人"的价值导向，忽视股东、所有者的权益，

① 参见高伟凯、王荣：《国有资产委托经营与监管研究》，《上海金融》2015年第8期。

凭借其所掌握的信息优势谋求自身效益的最大化，而所有者又缺乏有效的监督和防范措施，造成经理人对企业的长期控制。

“内部人控制”现象普遍存在于我国国企改制过程中，经济学家钱颖一将其归纳为三条演化路径：政府放权让利，扩大企业经营自主权和提升利润留成水平；企业性质和组织机构发生变更，成立股份制公司和中外合资合作企业；自发性或非正式的私有化，通过承包或其他方式，完成控制权转移。前两个途径形成的是法律上的“内部人控制”，后一个途径形成的是事实上的“内部人控制”。[①] 除此之外，我国还存在着一种特殊形态的“内部人控制”，即作为外部人的政府与企业经营者之间有行政上的分权，政府控制着企业的人事任免权，并通过行使一定的行政权力，实现行政控制下的“内部人控制”，这种形式大多存在于长期受国家管理和严密控制的特殊行业，在铁路行业内部就有非常明显的反映。铁路行业所施行的是内生规制模式，长期缺乏专门的规制机构，国家是铁路的出资人，但出资人的权利在企业法人治理中往往是弱化、虚化的，特别是在中国铁路总公司的法人治理结构尚不完善的情况下，只有一个经理层，缺乏来自股东会和董事会的有效制约，极易出现权力独大和经理人内部控制的行为；加之出资人与经营者的利益不完全一致，客观上存在信息不对称，财务预算软化以及激励机制欠缺，造成出资人很难对经营者进行有效的监督，产生利益输送、权力寻租、侵蚀国有权益、降低企业效益等乱象，破坏铁路内部的正常治理机制。

(二)铁路企业治理绩效认定困难

从管理的组织架构看，我国铁路系统实行的是“中国国家铁路集团有限公司—地方铁路集团有限公司—各基层站段”的三级组织体系。从管理

① 参见钱颖一：《第三种视角看企业的政府所有制：一种过渡性制度安排》，《经济导刊》2002 年第 5 期。

的条块关系上看，中国国家铁路集团有限公司对18个地方铁路集团有限公司的管理更像是“块块”管理，各地方铁路(局)集团公司下设若干按专业设置的“机、车、供、电、辆”等基层站段，各站段之间有一定的独立性，相互间的联系和同层级的横向协调较少，资源难以实现直接共享，需要由上级部门统一协调，并直接受上级对应专业职能部门的管理，在管理形态上表现得更像是“条条”管理，各基层站段是独立核算的实体，有各自独立的人事、财务和利益，直接造成了每个站段都是行业总体绩效考核中基本单元的现实，而企业治理绩效确认困难的一大动因就来自这种“条式”管理机制和绩效考核模式。

企业内部组织结构和生产模式的构建，会直接影响企业的监督、考核和激励机制，进而影响企业绩效的有效认定。在国家铁路现有组织结构下，普遍根据专业职能对应设立站段，其均有独立的经济利益取向，该模式催生的最大弊端是容易出现严重的卸责行为，这种现象的产生取决于各站段与地方铁路局分别交易、独立核算，工作的目标不是寻求有效配合，而是各自争取更大的留利，明目张胆地推诿扯皮。

从委托—代理关系上看，基层站段是地方铁路局的具体代理人，负责执行上级委托人下达的指令，完成具体的生产经营任务和考核指标，但实践中，各站段多是各自为政，本位主义现象突出，协同配合意识不强。例如，有一些铁路路网接合部的工作本身需要两个站段共同参与，但因地方铁路局只会指定其中一个站段进行安全生产考核，另一站段只是协助，参与的程度和效果都不会对清算价格及留利造成影响。在这种机制下，协助站段参与的主动性便会大幅降低，出现推诿扯皮或消极配合的情况便是情理之中，导致在以核算为主要特征的报酬支付中无法真实反映各站段实际劳动生产率，严重限制了站段主体责任的承担和落实，加剧了企业治理绩效的认定难度。此外，由于尚未形成对相关站段责任认定的明确机制，造成代理人的行为违背委托人意志，监督成本高，有效产出低，进一步加剧了绩效确认的难度。

（三）行业发展面临多重壁垒限制

影响铁路行业实现有效竞争的一个主要因素是僵化的市场准入和退出机制，即行业内存在的各类进退壁垒，这在铁路运价、投融资和客货运输等领域都有较为明显的体现。当前，铁路行业虽然从组织机构层面施行了政企分开，但路网的建设、调度指挥权仍统属于铁路行业主管部门，对于客货列车，各地铁路集团公司也只有使用权。2014 年发布的《关于铁路运输企业设立、撤销和变更的审批办法（征求意见稿）》规定：凡是新成立的铁路运输企业，除了要有一定数量的机车车辆使用权，还要拥有符合国家规划和标准的铁路基础设施的所有权或者使用权。进入、退出铁路行业面临的壁垒如图 4-1 所示。

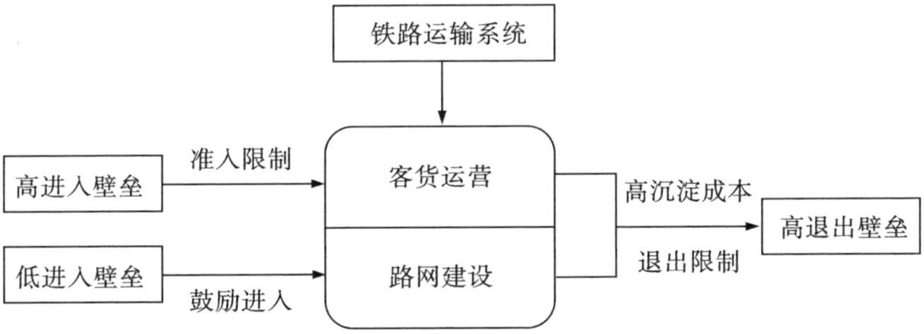

图 4-1　进入、退出铁路行业面临的壁垒

既有企业拥有铁路基础设施所有权的，有权自主决定铁路运输运营的方式，这一规定明确了铁路运输企业既是基础设施的所有者，也是运输服务的提供者，实质上是对现行路网合一模式的变相确认。在位者在面对新进竞争者时，难免要在路网价格设置、线路运能分配等方面设置重重障碍，

以维持自身的在位优势，打压新进入者，而当企业要退出市场时，前期所投入的这些巨大的沉淀成本又恰好构成了它们退出的障碍，抑制了社会力量和民间资本的投资热情，造成“想进的进不来，想出的出不去”，进一步加剧了铁路行业的进退壁垒，耗损了各类资源的流动性，借机也维护了铁路运输企业的垄断地位。

第三节　铁路行业治理结构运行阻滞的症结揭示

当前，从整体看，我国铁路行业的改革进展仍处在 2013 年“铁路实施政企分开”后的政策消化期，原铁道部的整体撤销和职能划转被视作铁路实现政企分开的重要标志。中国国家铁路集团有限公司作为由中央管理，担负国家铁路客货运输和安全生产主责的国有独资公司，集成了基础设施建设、生产经营、调度指挥、财政清算等核心权力，承担了全部历史债务，也被普遍看作是“后铁道部时代”的又一组织实体。相比而言，国家铁路局和交通运输部虽然拥有对铁路进行安全监管和拟定政策规划的行政职责，但存在感明显偏弱，作用发挥也受到多重限制。事实证明，由于此轮机构改革回避了“模式之争”，只在组织层面推动了机构重组和职能分离，只是初步完成了组织形态的政企分开，在诸多领域显露出的改革不彻底性、临时性、过渡性的特征还非常明显，政企分开面临应然与实然的紧张冲突，铁路行业的一些深层次、体制性问题开始显露，不少相关联的铁路企业依然陷于身份和职能双重迷失的困境之中，面临公益性与市场性的艰难平衡，尤其需要对计划经济时期形成的财务清算模式和“鞭打快牛”的任务分配方式进行深度优化。在多轮次的改革中，一些根本性、深层次的问题始终未能得到有效解决，改革在外围兜兜转转，“只听楼梯响，不见下楼人”的现象比较普遍，一些措施隔靴搔痒、浅尝辄止，仅是应付上级需要或回应外界的一时之举,难以触及问题实质,根本原因就在于关键环节的瓶颈尚未突破,亟待以理性的态度思考、积极正视。

一、体制羁绊:政企关系难以实然分开

政企关系的调整过程,实质上就是政府和企业在利益协调、资源配置、市场竞争等各方面力量博弈的过程。[①] 铁路行业政企关系的转换,伴随该行业发展的全过程,自铁道部成立以来,我国铁路曾进行过多轮改革,职能转变、机构调整、行业重组等改革尝试都有涉及,但唯一不变的是铁道部的集中统一管理和高度管制,独家垄断着全国铁路的发展资源,自上而下形成了行政力量主导下的畸形关系,由此产生了严重的行业腐败和权力寻租。这种政企不分的机制存续了60余年,其中既有国家、社会和民众对铁路行业多元目标的要求,也有铁路自身发展滞后,难以满足市场需求和公众消费预期的现实约束,一面是传统机制的顽疾陋习,另一面是现实问题的倒逼拷问,这种长期的撕扯使得有效的铁路改革举步维艰。铁路行业本身集成的多重属性,特别是因承担政府交付的社会职能而具有的公共性,是国家意志在铁路行业的投射,在政府严格管制,依靠行政指令推动的情境下,铁路无偿承担社会公益性职能,在涉及重大经营和投资决策上受到国家的直接干预,铁路的运价也被严格管制。从铁路行业纵向的权责划分上,铁路行业主管部门与地方铁路企业之间在权责界定、职能分工、财务清算、市场化运营等方面,长期面临职能不清晰、关系不明确的问题,铁路运输企业的身份、角色和职能都有待根据政企分开的新要求予以重置和矫正。

政企不分的最现实问题就是以政代企,在"全能型"政府的主导下,这

---

① 参见刘宇、方雷:《政企分开后我国铁路行业改革的困境与出路》,《改革》2018年第7期。

种现象最为常见，无所不包的政府几乎控制了企业全部的生产经营活动，以政代企的现象普遍，遮蔽了企业正常职能，所有在此模式下形成的政企关系，都是行政指令延伸的产物。铁路行业的大部分重要经营决策仍由铁路行业的主管部门作出，企业不能根据市场指令和价值规律的变化采取相应行动，换言之，在政企分开尚未真正达成前，铁路行业的发展从来都是体现政府意志，以行政力量来发起和推动的；同理，市场在资源配置中的作用非常微弱，企业不是独立面向市场的竞争主体，生产经营活动以完成政府下达的指标为主，直接受到政府干预，造成资源错配，政府与企业“职能双缺”，企业还不是自负盈亏、自我发展的市场主体。从这一点上也不难看出铁路行业改革的难度，在其他有自然垄断性质的公共基础设施中，企业这一基本的身份认定还是比较明确的，但对于铁路而言，由于长期的政企不分，以往的地方铁路局、铁路分局都不是真正的企业，像刚完成转制的地方铁路集团公司，在实际运行中身份是不是企业，也要在判定上费一番脑筋，并要在铁路行业治理中给出有效回应和制度安排。

二、功能制约：财务清算模式僵化阻滞企业成长

由于铁路行业内部财务界限的模糊，为了平衡各地区间因公益性程度不同所产生的收入差别，在财务清算上长期施行统收统支、收支两条线和以成本核算单价的模式。简单说，就是取消了鼓励效率的第一次分配，只保留了政府调节的第二次分配①，地方铁路局所获收入都是来自二次分配的结果，这种体制使得铁路长期只核算上下级之间的“清算成本”，造成地方铁路企业与市场间的人为割裂。自 1999 年铁道部实行资产经营责任制以来，硬性规定各铁路局的盈利指标，将运输盈亏作为否决性指标，完不成

① 参见刘宇、方雷：《政企分开后我国铁路行业改革的困境与出路》，《改革》2018 年第 7 期。

指标则施行一票否决。这种机制更进一步加剧了各铁路企业不问市场，只关心内部要价能力的畸形格局，引导铁路企业也更关注如何提高自己在内部清算系统中要价的能力和竞争力，根本不关心运输产品的成本[①]，又因政府与企业的角色错配，产生了“鞭打快牛”的逆向激励。现行铁路财务清算模式的另一个典型特征是“预算硬约束”，通俗讲，就是“有多少钱办多少事”，企业不用直接面向市场，无须为产品的销路、顾客体验和市场利润负责，产生的坏账和债务也不由企业承担，而由国家财政兜底。事实证明，国家垄断经营并不能保持和促进行业的持续高效发展，相反往往使企业陷入经营困境，激励与约束机制作用发挥不良，还会造成财务预算约束软化、经营者责权不清、信息不对称、效率低下、加重国家财政负担等一系列问题。目前，由于八成以上的铁路运输都是跨境运输，绝大多数运输服务都要在分界口完成，单独的一个铁路运输企业很难独立完成运输任务和向市场提供完整的运输产品，财务清算模式的僵化落后，以及企业财务自主权的缺失，又会进一步放大这种弊端，加剧政府与铁路企业在身份、角色和职能界定上的困难。

长期困扰铁路行业改革的另一大痛点，是所谓的“集中统一指挥与企业自主经营”的矛盾，矛盾的焦点集中于统一运输指挥和整体利益协调的权力仍然由中国铁路总公司掌控，这意味着财务清算的权力也由其一并掌握。“企业缺位”的问题并没有因形态上的政企分开而得到解决。全国 18 个地方铁路集团公司，最大的管辖着成百亿元资产和数十万职工，约四分之三的运输收入不是直接来自市场，而是取决于铁路系统的内部清算。[②]在此模式下，衡量地方铁路集团公司经营成效的关键，并非市场的欢迎程度和消费者的价值偏好，而是其在铁路系统内部向上汲取资源，获得系统

① 参见荣朝和编：《探究铁路经济问题》，经济科学出版社 2004 年版，第 37 页。

② 参见王世伟：《铁路改革与发展中的产权配置研究》，北京交通大学博士学位论文，2004 年。

内清算收入的能力。这种导向容易引导铁路企业夸大自身成本，导致企业目标的非效率化，有扩大成本核算并相应减少投入以获得更大收益的倾向，导致地方铁路集团公司的经营绩效并非自身经营状况的真实反映，而是来自铁路主管部门确定的财务清算方式和系数调节机制，如不及时纠偏，会明显抑制企业生产积极性的提高，以及独立市场主体的生成。

三、执行壁垒：铁路投融资机制改革受阻遇冷

铁路投融资改革的实质是围绕扩大铁路资金来源，拓宽资金渠道而进行的制度变迁。[①] 诺贝尔经济学奖获得者默顿·米勒曾预言：铁路在中国交通基础设施的投融资改革中将处于落后位置。作出这一判断，也体现了对行业内各类壁垒的担忧。由于铁路具有公益性和正外部性及沉淀成本大、资产专用性强、投资风险高的特性，在社会资本无力大规模参与铁路建设，国家又不能单独承担铁路快速发展所需要的资金保障的情况下，似乎在政企合一体制下施行“政府主导型”的投融资体制，并按照“以存量换增量，上市融资，抵押贷款”的模式进行运作，是保障铁路行业正常运转和职能发挥中可资利用的绝佳平台，由此也成为“将铁路行政职能与企业职能一体化运作，维持铁道部作为铁路投资的主体地位”这一声音的主要理由，这种论断在政企合一的模式下似乎有一定解释力，但在政企分开的背景下，显然需要重新审视。

政企分开后，我国铁路投融资领域的改革也在缓慢推进，但尚未形成良性健康的铁路投融资格局，面临的最突出问题表现为投资主体单一、融资渠道不畅、筹资方式落后。[②] 从整个铁路系统来看，铁路主管部门始终是铁路建设最大的投资主体，建设资本金主要来源于征收的铁路建设基金，

---

① 参见刘宇、方雷：《政企分开后我国铁路行业改革的困境与出路》，《改革》2018 年第 7 期。

② 参见杨砚峰：《我国铁路融资能力研究》，北京交通大学博士学位论文，2012 年。

以及每年几十亿元的财政预算内资金，其他的建设资金基本上是债务性资金，管理的主体也是政府。以 2015 年为例，我国铁路投资总额 9810 亿元，中国铁路总公司完成 7109 亿元，占比 72.5％，地方政府完成 1936 亿元，其他投资主体完成 765 亿元[①]，都无法与政府的投资规模等量齐观。目前，我国铁路建设资金来源 80％以上都依赖于铁路建设基金、铁路建设过度依赖国家投资和政府支持，资金来源渠道单一，有效投资主体数量少的基本面没有改变。铁路建设基金作为银行税收的一种变形，在征收形式上由铁道部代表国家收取。债务投资（包括银行贷款、外资贷款）的主体也是铁道部，其以国家部委的信用作为债务契约的重要支撑，通过发行债券满足铁路建设的融资需要，无论是以财政部还是以铁道部或其代理机构作为发行主体，本质上都属于政府融资[②]，政府都要承担融资风险，这意味着政府的金融风险始终处于高位，在巨大的偿债压力和资金建设缺口下，以政府作为信用担保的融资依然是最主要的方式，社会资本的支持力度极为有限，如图 4-2 所示。

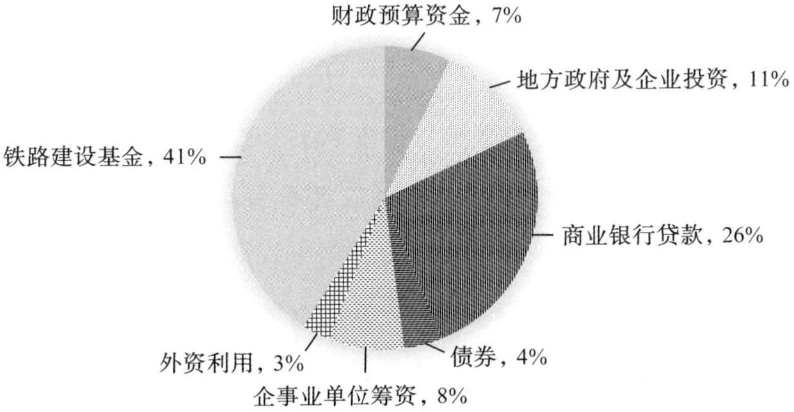

图 4-2　铁路建设资金来源构成分布

① 参见孙梦：《论 PPP 融资模式在铁路融资中的运用策略》，《财会研究》2018 年第 5 期。

② 参见于军：《铁路重组的理论与实践》，经济科学出版社 2003 年版，第 12 页。

事实上，在政策规范层面，国家一直在不遗余力地为推动多元投资主体注资铁路，拓展铁路投融资的渠道与空间创造机会，提供政策支持与保障。早在2005年2月，《国务院关于鼓励支持和引导非公有制经济参与铁路建设经营的实施意见》(以下简称《意见》)正式发布，其中明确了铁路建设、客货运输、装备制造、多元经营四大领域率先向社会开放，规定了七项扶持措施鼓励非公有资本注入[①]，自此，"民资入铁"开始了艰难探索。自《意见》发布后将近15年的时间中，吸引民间资本投资铁路一直是政府既定的政策，但一直没有成功案例，实践效果与政策预期有较大差距。其间，相对成功的尝试来自"衢常铁路"。根据此前的建设方案，该线路由民营企业常山水泥公司、铁道部、浙江省常山县政府三方共同投资建设，常山水泥占股32.5%，但民营资本主要控股的局面并未维持太久，2006年浙江铁路集团入股，常山水泥股份稀释至18.8%，而在衢常铁路通车前2个月，常山水泥的股份转让给了中国建材集团，衢常铁路中的民资股份全部退出。2013年延续60多年的铁路行业政企合一的局面被打破，中国铁路行业迎来市场化改革的新契机。在此背景下，中国铁路总公司曾在创新融资方式上尝试推进高铁建设的混合所有制改革，2014年，新疆维吾尔自治区铁路建设投资186.6亿元，社会资本参与投资103.5亿元，占比首次过半，但总体上政策试点效果未达预期。[②] 直至2017年杭台高铁项目PPP方案正式签订，由复星国际牵头的民营资本联合体与浙江省政府正式签约，民营联合体占股51%，标志着民营资本在国内铁路投资领域首次控股，被视作"民资入铁"的成功范例。杭台高铁作为首条民营控股的高铁，线路连接浙江省杭州、绍兴、台州三市，总投资448.9亿元、全线266公里，并于2022年1

① 参见刘宇、方雷：《政企分开后我国铁路行业改革的困境与出路》，《改革》2018年第7期。

② 参见刘建丽、李先军：《中国铁路行业改革成效、现实问题及高质量发展思路》，《理论学刊》2020年第2期。

月8日正式通车。该项目的成功得益于一系列创新的交易结构、股权设置、回报机制和风险分担机制，例如，项目实行了“使用者付费+政府可行性缺口补贴”模式，并为民资提供了灵活的退出方案。[①]

相较“民资入铁”的推进进程滞缓，铁路行业与外资的合作更是举步维艰，外部资本进入由国有经济占有的基础性产业后，便会淹没在国有资本的巨大存量和增量中的“陷阱效应”。[②] 2001年中国加入世贸组织，根据“入世协议”的规定：当年便可在保持中方大股东地位的前提下入主铁路货运服务；2007年，铁路系统所有客货运业务全部对外资开放；根据2015年施行的《外商投资产业指导目录(2015年修订)》，中国鼓励外商投资的铁路相关领域包括轨道交通运输设备的制造(限于合资、合作)，以及城际铁路、市域(郊)铁路、资源型开发铁路和支线铁路的建设、经营等。[③] 但实例案例中，外资真正参与中国国内线路投资的情况极少，当然也并非没有先例，比如，科威特投资局曾入股济青高铁，成为中国高铁引入的首笔外资，但这笔2亿美元的投资更多是象征性的，并没有改变铁路的投融资模式，科威特投资局也没有参与铁路实际的建设和运营。尽管政策上鼓励，但在实际执行中却普遍遇冷，外资对于参与中国铁路投资尚存一定疑虑，可能与铁路行业的经营体制、利益分配机制、法律保护等因素有关。这表明政策规定与实际执行间尚存在巨大鸿沟，在所占股权比例低，话语权和决策权微弱，投资潜在风险大，各种壁垒限制层出不穷的情况下，外资投资的兴趣不高也就在情理之中了。归根结底，政企分开的不到位是这些问题萌生的总根源，铁路投融资体制的优化需要突破瓶颈梗阻，更需在政企关系的深度优

① 参见《中国首条民营高铁诞生的秘密》，2022年1月17日，https://www.thepaper.cn/newsDetail_forward_16340392。

② 参见文力：《基础设施投入：体制转轨时期公共财政的基本职能之一：以铁路为例》，《中国行政管理》2004年第8期。

③ 参见《新版外商投资产业指导目录施行 铁路对外开放进一步扩大》，2015年4月10日，https://www.gov.cn/xinwen/2015-04/10/content_2844764.htm。

化中进一步完善。

四、现实梗阻:铁路行业产权关系界定不清

铁路行业的产权关系因应铁路本身的复杂属性,也具有一定的特殊性。长期以来,铁道部掌握着铁路资产所有权和行政管理权,既是全国铁路的行政主管部门,又是绝大多数铁路建设的主要出资人,在铁路产权配置中居于绝对的主导和支配地位,特别是在政企合一的传统模式下,铁道部对地方铁路局同时享有行政管理权和股东权,行政职能和市场职能高度交织,由单一主体来行使势必造成缺乏监管,在政企不分的传统体制框架下,行政权和股东权滥用所导致的企业产权残缺、外部不当控制等问题被进一步放大。[①] 为最大限度掌控影响铁路建设、生产、经营等环节的核心资源,加强对铁路企业的领导控制,铁道部必须依托强大的行政动员能力和资源汲取能力,以行政力量维持对全路调度指挥权和收入分配权的独家垄断,而对铁路运输企业的全资控股则更加剧了铁道部对铁路企业的事实控制,甚至还扩展到几乎所有合资铁路中,演化为铁路行业长期产权规则混乱,产权配置的无序失控。造成铁路产权关系杂糅,界定不清的原因可归纳为三个方面。

(一)长期施行"收支两条线"的财务清算机制

从以往铁道部与地方铁路局的行政隶属关系看,地方铁路局尽管被视作铁路运输企业,但在统一管理的体制下,铁道部是国务院授权管理铁路的行业主管部门,凭借其国家部委的地位,统领全国铁路的生产、建设和经营,各地铁路局接受并服从铁道部的集中统一领导是其分内的职责和义务。这种权责关系的设定,使得铁道部既是铁路行业主管部门,负责各类

---

① 参见荣朝和、张梦龙:《铁路改革必须重视相应产权关系的重构》,《北京交通大学学报》(社会科学版)2012 年第 2 期。

政策、计划的制定，履行审核监管职能，又集成了铁路运输企业的大部分职能，地方铁路局只是被动接受和完成铁道部下达的指令，属于铁道部行政职能的延伸机构，既不能面向市场提供完整的运输产品，也无法直接从市场中获取收入。在没有独立自主的运营指挥权的情况下，地方铁路局的财产边界、成本边界、业务边界、责任边界和收益边界都趋于模糊，很难得到清晰界定。

（二）受制铁路客货跨界运输的既定格局

从铁路运输构成的占比看，基本九成以上的铁路客货运输业务都是跨界运输，需要在地方铁路局之上组建一个一体化的管理机构，以保证调度指挥的高效统一，确保运输效率，这被很多人视作一种合理的解决方案，而在实际运行中则带给外界一种误解，那就是似乎只有此种模式才是符合我国国情和铁路发展阶段的，除此以外别无他途。长期以来，依托该机制的特殊保护，铁道部长期将调度指挥权和收入分配权收入囊中。但如果按照这种运行逻辑做进一步推演，便会发现两个明显的漏洞：其一，铁路企业拥有自己线路上的运行指挥权，并不必然带来混乱和效率损失，倘若运营得当、组织合理、调配科学，还能有益于提升路网的调度和运行效率；其二，铁路调度指挥并非要完全由政府部门来掌管和全权负责。从域外国家改革的经验看，成立专门的路网公司非但不会造成调度指挥的混乱和效率损失，还会因职能部门的专业化运作，促进运营效率的提高。像英国、瑞典、德国和日本都在铁路改革中，成立了专门的路网公司，将此方面职能从以往隶属政府管理的体系中脱离出来，由路网公司对全国路网资源进行统一调配，收到了良好的改革效果，表明了“调度指挥权必须由国家单方面掌控”的说法缺乏充分的理论与实证依据。

（三）债务主体认定归类存在现实困难

铁道部虽然已经撤销，但历史性债务并不会随之一笔勾销，中国铁路总公司承继了全部的历史债务，面临极高的负债压力和居高不下的负债率。2016年负债率就高达65.03%，2017年铁路负债数进一步攀升，达到了49878亿元，仅还本付息一项支出就达5405亿元。[①] 以2014年至2018年前三季度的资产负债率为例，如图4-3所示，审计报告显示，截至2018年9月底，中国铁路总公司负债合计达5.28万亿元，负债利息也从2018年上半年的356.03亿元增长到了492.69亿元，负债率65.24%[②]，保持了基本稳定。

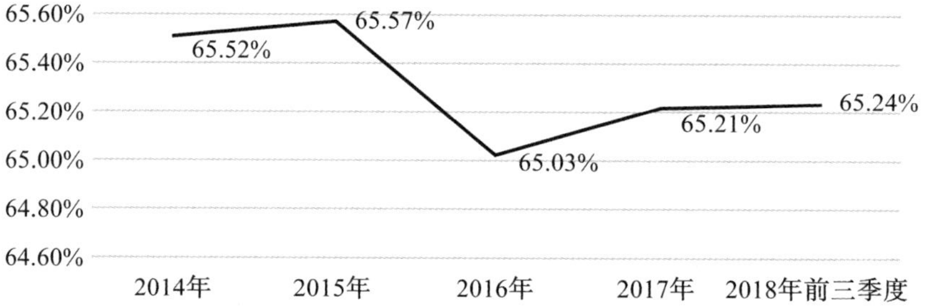

图4-3　2014年至2018年前三季度中国铁路资产负债率

根据中国国家铁路集团有限公司披露的信息，2023年国铁集团的负债情况表现如下：国铁集团在2023年年末的资产负债率为65.54%，相较于2022年年末降低了0.84个百分点。[③] 该数据反映出国铁集团在2023年的负债水平有所下降，但仍处在高位，意味着债务风险居高不下。按照行业发展的一般规律，负债率越高，意味着行业的偿债能力就越低，资金面临断流的风险就越大。中国铁路的高负债率以及庞大的历史性债务，都不是中国铁路总公司一家能够独自承担的，需要在国家政策的保障和引导下，逐

① 参见左大杰：《铁路国家所有权政策研究》，中国发展出版社2018年版，第191页。

② 参见《铁总前三季亏损2700万　负债5.28亿创新高》，2018年10月31日，http://www.sohu.com/a/272456765_114988。

③ 参见王召杰：《国铁集团2023年度和2024年一季度财务决算公布》，2024年5月6日，https://www.chnrailway.com/index/shows? catid=10&id=15218。

步形成有效的债务清偿和处理机制。在债务问题未能得到彻底解决前,政府对铁路企业的干预就不会停止,铁路行业的所有权和经营权就不能做到彻底分离,产权关系也就很难得到根本理顺,反过来又会成为阻碍政企分开的因素。

第五章 中国铁路行业治理结构重构的时代要求

铁路作为服务国家战略，体现国家意志，维护国家利益和国家安全的重要交通工具，铁路行业的改革发展系于国家发展全局，在铁路系统推进政企分开被普遍视作全面深化垄断行业改革，推动国家重大基础设施有效治理的重大举措。2013年的改革以推进铁路的政企分开为落脚点和目标归宿，伴随铁道部这一维系政企合一模式的“计划经济体制堡垒”被撤销，取而代之的是以现代企业制度和独立市场主体存在的国有独资公司——中国铁路总公司，以及实施监督管理、政策保障和规划拟定职能的国家铁路局和交通运输部，组织形态和权责分配上的政企分开，有效推动了政府与铁路企业之间在机构设置和职能权限上的有序分离，对铁路行业的转型升级和后续改革的启动提出了新的内在要求，并促动铁路行业对治理理念、治理目标、治理原则和治理意义进行全面重塑，努力形成与政企分开的基本格局相匹配的铁路行业治理结构的理想状态。

第一节 深度重塑铁路行业的治理理念

思想是行动的先导，理念是行为的驱动，行业的重大变化或治理模式的转型大多肇始于理念层面的重要调整。政企关系的重大转换为重塑铁路行业治理理念,构建与治理理念相适应的铁路行业治理结构提供了新契机。在调整治理理念的过程中,要充分考虑我国铁路发展的传统和现实,牢牢坚持铁路国有的基本准则,在治理方式上体现法治的精神,在行动策略上保持渐进步调,构筑既竞争充分又合理有序的良性治理格局。

一、推进行业分类优化

铁路行业关联元素多,内外部结构复杂,是典型的"一个行业多重属性"的生态系统,有效治理基于的基本原则就是因地制宜、因情施策,要对铁路行业包含的不同环节进行区分,对具有强自然垄断属性的铁路路网基础设施、调度指挥系统、车站站房等和铁路客货运输服务、多种经营业务实现分离,区分不同环节的属性差异,合理把握公共性与商业性的边界,确定好两者的比重关系,并对应采取差异化的分类优化策略。总的思路是:对公共性、社会性强的部分,国家和政府要主动承担相应职能,在资金、政策和法规上给予优先保障和必要规制;对竞争性、商业性较强的铁路客货运输、多种经营等环节,主动向市场开放,充分发挥市场主体和社会资本的作用,积极寻求打破垄断、引入竞争,消除壁垒,取消门槛,接受市场的反馈和竞争。鉴于我国国情和铁路行业发展的传统及其内在规律,都要在铁路国有化这一基本属性之下,对铁路行业进行分业规制和分类优化。

二、逐步引入市场竞争

有效竞争是规模经济和竞争活力相互协调的一种理想状态[①],也是促进铁路行业健康发展,提升资源利用效率的科学方略。从域外国家铁路改

---

① 参见于良春等:《自然垄断与政府规制:基本理论与政策分析》,经济科学出版社 2003 年版,第 36—37 页。

革的发展通例看，基本把提升铁路在交通运输体系中的综合竞争力、扩大铁路行业的内部优势作为改革重组的主要目标。引入竞争的关键在于打破行业垄断，主要针对的是铁路系统的非自然垄断业务，通过允许多种经济成分的新企业进入，将铁路企业培育成为能够独立面对市场，参与市场竞争的经营主体，摆脱国家对铁路运价的管制，使铁路运力和运价与市场接轨，接受市场指令的反馈和调节，以独立经营主体的形式参与市场竞争，追求必要的经济效益。目前，在铁路系统内部引入竞争，有两种较成熟的实践模式。

一是在铁路客货运输领域引入市场竞争，鼓励多元主体共同参与。近年来国内快递行业的领先者顺丰就以民营资本入股的形式在货运、快运方面与铁路展开合作。

二是既有的铁路公司之间在平行线路上展开竞争，以开放通路权、扩大特许经营权等方式进行[①]，促进铁路改进服务质量，提高运能运力，这是美国各平行铁路公司间竞争的主要方式，倘若日后我国对地方铁路集团公司进行机构和职能整合，也按此模式成立区域性公司，就有条件实现该类型的竞争。总的来说，实现有效竞争旨在通过对资源的集约利用，以及多元主体的协同配合，增强铁路行业的整体运营活力和发展效益。

三、突出立法规制导向

良法是善治的前提，重大改革必须于法有据。铁路行业的改革牵涉国家经济社会发展大局和多个利益团体的关系调整，敏感性强，改革的引领和示范意义非同寻常。综观域外国家铁路的改革模式，多国都致力于以立法的形式确认政企关系的调整和改革成果。英国在 1993 年颁行《铁道

① 参见张昕竹主编:《中国规制与竞争:理论和政策》,社会科学文献出版社 2000 年版,第 289 页。

法》,确立了以推进政企分开为核心的“网运分离”改革方案;美国为适应铁路“多线路竞争”现实,先后制定了《铁路复兴与管制改革法》《斯塔格斯法》两部前后相继、上下贯通的法律,以法的形式确认了政府放松规制,赋予各参与主体平等、独立的地位;德国针对“先国有后私有”的铁路改革模式,专门制定了《基本法修正案》和《铁路新秩序法》,以保证改革方案的落地实施;日本颁布《国有铁道改革法》,为国铁系统的分割和民营化改造奠定法律基础,并以法律形式确立了“日本国有铁道清算事业团”等特殊法人企业的责任,形成了特殊法人制度。[①] 这些先发国家的改革经验充分证明:类似铁路这类行业属性和功能定位极其特殊的机构,行业改革要特别注重发挥法律的规制、引导和保障作用,坚持立法规制,运用法治思维,体现法治原则,恪守法治方式,从法治的角度审视判断改革性质,把握改革方向,并适时以法的形式将改革成果上升为国家意志,这对于处在新发展阶段的中国铁路而言无疑至关重要,应当作为深化改革的首要选择和必由之路。

四、坚持稳妥改革策略

改革是对既得利益关系和利益格局的重大调整,在和平年代,改革就是一场深刻而伟大的革命。铁路之于国家和经济社会发展的重要性不言而喻,基于铁路行业的复杂属性和多重功能兼备的现实,改革的关联性、协同性、体系性和政策性都非常强。域外铁路改革发展的模式,尽管能丰富思路、拓宽视野,但鉴于各国国情和铁路发展阶段的差异性,对于我国铁路行业改革所能提供的借鉴作用也相对有限。特别是我国要建构体现中国国情,体现行业发展特色,致力于形成市场化、体系化、规范化的铁路行业治理结构,专业性、技术性无疑更强,目前还没有能沿袭的惯例或者套用的

① 参见刘宇、方雷:《政企分开后我国铁路行业改革的困境与出路》,《改革》2018 年第 7 期。

模板，只能是摸着石头过河先行先试，甚至是在试错中边摸索、边总结、边前进，改革的首创性、自主性和示范意义更加突出。加之铁路行业深度嵌入国家发展的总体格局，行业本身涉及的环节多，利益关系复杂，改革效应的显现也需要较长时间，必须有足够的耐心、信心和恒心，不能急于求成、急功近利，要有“功成不必在我，功成必定有我”的态度，着眼长远、久久为功，坚持稳妥为重、安全至上的发展策略，不断积小胜为大胜。

第二节 系统建构铁路行业的治理目标

在铁路行业政企关系发生重大转换的背景下，铁路行业的治理目标也需进行重新审视和设定，为接下来推进铁路深改与善治取得务实成效提供方向性保障，要以持续推进更高水平和更深层次的政企分开，坚持和完善党对铁路改革的绝对领导为基本遵循，围绕完善中国特色铁路行业治理体系，建立适应市场竞争需要的铁路运输服务体系，努力提升铁路治理的质效。

一、建构有中国特色和体制优势的现代化铁路行业治理体系

铁路作为国之重器，自诞生之日起就与国家和经济社会发展的命运紧密相连。作为国家基础设施的重要组成部分，铁路长期被国家赋予承担特定运输任务和社会服务的职能，是服务国家战略、体现国家意志、维护国家安全的重要载体，铁路自身的发展也由此深度嵌入国家发展的大势中。

铁路行业的治理注定要以自主创新、接力奋斗的方式，走一条有中国特色的发展道路，这条道路的核心就是扎根中国国情，立足铁路实情，充分尊重铁路行业的发展逻辑和演进规律，秉持包容开放、兼收并蓄的价值立场，体现中国特色，发挥行业优势，既不超越当前铁路发展阶段，也不用切

割事实的方式去刻意营造有利改革的“假说辞”，而是努力排除各类干扰，保持高度的战略定力，从历史与现实的关照，结构与功能的比较，技术理性与价值理性的结合中，找准铁路行业的功能定位和优化路径，以充分适应铁路作为国民经济大动脉，国家综合交通运输体系骨干和国家重要基础设施的角色模式，并在国家的统一领导和宏观调配下，实现铁路建设资源的科学分布，更好地服务国家战略，体现我国资源聚集和组织动员能力强的独特体制优势。

近年来，伴随高速铁路的蓬勃发展，我国铁路行业迎来了又一轮的发展黄金期，找到了新的业务增长点。高铁更是被列为“国家战略新兴产业”，成为拉动区域经济增长，加速城市化建设的重要载体。近年来国家实施的京津冀协同发展战略，粤港澳大湾区建设，以及高起点规划、高标准建设的雄安新区，交通运输业都是重要的开拓者和先行者，在实现人畅其行、物畅其流上作用突出，特别是随着日渐稠密、广泛覆盖的高铁路网的建成，更多区域将被纳入其中，铁路行业将持续释放快速发展的红利。

21 世纪以来，中国铁路走上了一条以国家支持为背景，发挥体制优势，快速集聚资源的跨越式发展道路，通过对发达国家先进技术的大量引进与消化吸收，学习借鉴铁路建设、运营、管理经验，并在此基础上进行本土化改良和自主化创新，实现了快速、平稳、低风险的持续发展。特别是在高速铁路的建设和运营上，我国仅用十余年的时间就超越了西方国家铁路现代化半个多世纪的成就，自主掌握了高铁研发运营和铁路高端装备制造业的核心技术，在高铁运营里程、技术创新成果、运营的成熟度和安全冗余等多个方面都保持了绝对的优势地位，实现了对世界老牌高铁强国的全面超越，展现了我国铁路行业治理体系的特色和独特优势，为完善我国铁路行业治理体系提供了宝贵经验，为建设现代化、专业化、规范化、制度化的铁路行业治理结构奠定了坚实基础。

二、建立有国际竞争力的现代化铁路运输服务体系

推动铁路运输领域整体走向市场化，其中的核心要素就是培育有市场竞争力的运输企业和运输服务体系。在一个充满正向竞争的环境中，促使企业主动改善服务质量，提升经营效率，优化生产要素组合，进而提高全行业的资源配置效率。迪特尔·赫尔姆与蒂姆·詹金森曾提出：竞争对经济效率的促进作用同样适用于公用事业这类的基础部门，铁路行业的健康发展尤其需要一个提倡规则意识，开放、公平、市场化的竞争环境。

（一）促进可竞争领域铁路运输的市场竞争

由于中国铁路运输尚未达到发达国家铁路发展的水平，运输供给能力和管理水平都未满足社会经济发展的需要。铁路运输资源明显短缺，能够实施有效竞争的优质线路并不多，特别是原铁道部的部分行政职能在并入交通运输部后，不同运输方式的激烈竞争和铁路市场份额的下降，倒逼铁路反思发展模式，注重通过优化治理结构来提升运输效率，有效释放运能，以更加充分地发挥铁路运输的比较优势，提高在运输市场的核心竞争力，实现各运输方式的协同联运。针对铁路路网基础设施和客货运输，施行差异化的优化策略，提升铁路运输效率，并尝试在铁路客货运输、房地产开发、多种经营等可竞争环节率先引入市场机制，形成公平、有序的市场竞争格局。

（二）推动铁路运输企业的市场化改革

该环节改革的重点是形成有竞争力的铁路运输企业组织结构。由于铁路客货运输环节具有较强的公共产品属性，铁路又是自然垄断行业，政府对于铁路的管制不可或缺，在铁路行业内部必然对政府和市场两种职能的比重进行合理划分。在政府对铁路行业保持必要管制的大前提下，铁路

运输企业的职能强化和市场主体地位的确立至关重要,要努力推动形成以中国铁路总公司为控股公司,区域性铁路集团公司为市场主体的系列改革。中国铁路总公司需要逐步完成公司制改革和股份制改造,按照现代法人治理结构的要求,对应组建董事会、经理层和监事会,完善公司治理的激励约束机制和权力制衡机制,推动由政府行政部门向独立、完整的市场主体的身份转变。下属的地方铁路公司要推进区域重组,减少因分界口的人为分割带来的成本上升和效率损耗,形成区域间、公司间的良性竞争格局,特别是针对市场竞争性和吸引力强、投资前景好的铁路运输业务,要适时推进混合所有制改革、股份制改造和优质资产上市,鼓励优质成熟的社会资本积极加入,拓宽投融资来源渠道,推动铁路客货运输业务能最大限度面向市场,为旅客和货主提供多元化、特色化的运输服务。

(三)全面提升铁路客货运输的服务品质

铁路行业主动适应在综合运输格局中面临公路、民航等交通运输方式强烈冲击,市场份额逐年下降的现实,找准铁路运输的目标定位,主打铁路运输准时度高、运能大、可昼夜不停运转的比较优势,相继推出了多项惠民服务措施,进一步提升铁路服务品质。近年来,铁路部门积极面向市场,主动应用“互联网＋”、大数据、云计算等先进技术,推广使用“刷脸进出站”“无纸质车票”“移动支付”“自主选座”“高铁送餐”“复兴号列车 Wi-Fi 全覆盖”,简化了相关程序,提升了综合出行效率,改善了旅客出行体验,相继推出了“红眼高铁”[①]“常旅客会员服务”“管内票价季节性浮动”,强化旅客选择铁路出行的消费习惯,增强用户黏性,充分发挥铁路运输班次密集、准时率高、全天候运输的优势。

---

① 这里的“红眼高铁”与“红眼航班”相对应,专指在客流高峰期,夜间开行,夕发朝至的高铁列车,以加密列车开行班次,满足旅客多元化、差异化的乘车需要。

三、推进全方位深层次的政企分开

衡量和判断铁路行业的改革是否推进到位、取得实效的一个重要标准就是看政企分开的实现程度。当前，中国铁路正处在2013年铁路“大部制”改革的政策消化期，确立了中国铁路总公司、国家铁路局和交通运输部“三足鼎立”的组织结构安排，并对各自的职能边界进行了清晰划分，标志着组织形态的政企分开已经实现。但在实际运作中，中国铁路总公司的现代企业制度尚未建立，公司法人治理结构残缺，企业属性不足，依然不是独立的市场运营主体；国家铁路局的安全监管职能履行不力，对中国铁路总公司的监督仅停留在制度设计的应然层面；铁路行业走向市场的效果不突出，引入社会资本比重低，铁路企业的运价自主权低，依然受到严格的行政控制，财务清算沿袭“统收统支”模式，致使铁路运输企业的市场主体地位尚未真正确立，政企分开的象征意义大于实质意义，这也从侧面说明了铁路改革的艰难性和复杂性，因此必须从宏观上调整发展思路，从微观上矫正行动策略，持之以恒地将改革推向深入。

铁路行业的政企关系由于长期处在政企合一的状态下，受传统模式的浸润较深，再沿袭以往的发展模式，固守传统的路径依赖，注定行不通，只会离政企分开的理想状态越来越远，因此只能在全新的价值导向和改革模式下，全面厘定政企权责，重构政企关系，并以制度的形式巩固确认。在政府端，要推进政府公权力的权由法定和职能归位，这意味着政府既不能是包办一切的“全能政府”，也不可过度信奉“看不见的手”的自由主义范式，而要按照“有限政府”“服务政府”和“法治政府”的要求，强化政府在环境、政策和法治方面提供保障的这只“扶持之手”，谨防演变为向企业汲取资源，破坏市场秩序的“掠夺之手”。[①] 在企业端，铁路运输企业的角色矫正和身份复归是政企分开真正落地的关键环节，企业履职能力和市场竞争力的强弱，直接关系到政府职能转变、权限下放后，企业是否具备承接职能转移的能力。在铁路改革日趋市场化的进程中，要充分挖掘和放大市场“声誉机制”对企业的正面引导作用，推动构建完善的公司法人治理结构，形成自主经营、自负盈亏、自我发展、自我约束的现代市场经济主体，使铁路企业的角色更明晰，职能更纯粹，优势更凸显。

四、坚持与深化党对铁路行业的全面领导

国有企业是中国特色社会主义的重要物质基础和政治基础，是我们党执政兴国的主要依靠力量。[②] 铁路作为我国大型国有企业，是国民经济大动脉、国家关键基础设施、综合交通运输体系的骨干和重大民生工程，更需要把坚持党的全面领导作为首要政治原则，一以贯之地体现在深化铁路改革，推进铁路善治的各环节和全过程中。在改革逻辑和价值取向上，首要的就是坚持铁路国有化的总方向，谨守党对铁路改革全面领导的基本原则。

坚持党的领导，加强党的建设，是我国铁路行业改革发展的内在要求，也是必须一以贯之坚守的价值底色，无论国有企业的领导体制、经营机制、产权结构和治理结构如何变化，都要保证“国企姓国”，这是铁路行业发展的“根”与“魂”。党对铁路行业的领导贯穿于决策、执行、监督等全过程，通过发挥党委“参与决策、带头执行、有效监督”，形成决策科学、监督高效、协调运转、执行有力的良性机制。铁路企业进行公司制改革后，公司内的党

① 参见刘宇：《改革开放四十年我国铁路行业的转型质效与深改探索：基于公共管理视角》，《华东经济管理》2018 年第 12 期。

② 参见楚序平、周建军、周丽莎：《牢牢把握国有企业做强做优做大的改革发展方向》，《红旗文稿》2016 年第 20 期。

委和党组织要严格按照规定程序参与企业决策，把党委会的研究讨论作为董事会、经理层决策重大问题的前置程序，充分发挥党在把方向、管大局、促改革、保稳定上的作用。[①] 这意味着公司的重大事项和经营管理决策必须先经过党委会的研究，再提交董事会或经理层作出决定，使党的意志和主张贯穿到铁路行业的各项活动中，以充分保障党的领导权、话语权和掌控力。

坚持和深化党对铁路行业的全面领导，关键是在构建形成有中国特色的现代铁路行业管理体制中，充分体现党的领导核心作用，自觉将党的政治优势、动员优势和群众工作优势转化为企业的竞争优势、创新优势和科学发展优势[②]；进一步通过体制机制创新，将铁路行业的党组织紧密嵌入组织架构中，将党的作用发挥整合到铁路行业治理结构中，并以企业章程的形式对加强党的领导和党的建设作出明确规定，把“坚持和完善党的领导”纳入企业宗旨；完整阐明铁路行业内部各级党组织的治理目标、权责任务，以及与其他治理主体之间的关系，明确党的政治核心地位，党组织的机构设置、人员配备、经费保障等事项，使党组织在现代公司法人治理结构中角色模式更分明，作用发挥更稳定高效、可预期。

铁路行业的人事任免有很强的官僚行政色彩，即便是依照现代企业制度设置的经理层，总经理并非全然面向市场选聘，而是由国家授权国务院任命，这也是充分考虑了铁路行业的战略意义及其特殊性。实践表明，“双向进入、交叉任职”的领导体制是实现党的领导与公司治理有机统一的有效途径，公司制企业推行党委书记、董事长由一人担任，总经理兼任党委副书记，并适当增加进入董事会的党组织班子成员人数；符合条件的党委领导班子成员可通过法定程序进入董事会、监事会、经理层，参与公司各项决

① 参见刘宇、方雷：《政企分开后我国铁路行业改革的困境与出路》，《改革》2018 年第 7 期。

② 参见吴敏燕：《加强新时代党对铁路企业领导的实践路径》，《理论学习与探索》2018 年第 1 期。

策和管理活动。而这三个公司治理主干结构中符合条件的党员，也可依照国有企业党建考核办法和公司章程，通过法定程序进入党委和党组织，确保党组织的作用在公司的决策层、监督层和执行层得到有效发挥，切实保障党对企业经营发展的主要领导和有效控制，为各级党组织发挥把方向、定决策、控大局的领导核心作用提供坚强的制度保障。

第三节　完整阐明铁路行业的治理原则

政企分开的政策落地给铁路行业的改革带来了全新契机，但其中也有一些意图动摇铁路国有属性，推崇完全市场竞争，施行民营化改革，否定政府作用的声音。表面看这是不同观点的争锋，本质上则是对我国铁路改革模式和道路的否定，对铁路行业的深改构成了一定的负面纷扰，需要及时予以观点澄清，从铁路行业的治理原则上进行明确，重新申明铁路国有的基本定位和价值前提不能改变，在改革推进的步调上，也不能贪快求全、急于求成，而要从我国国情、路情和铁路发展的阶段性特征出发，综合考量，按照有条件的地方先行试点，渐进稳妥的步调有序推进，注重体现铁路公益性，保障政府职能的有效发挥，这是现阶段和今后一个时期铁路行业治理应重点明确并牢牢恪守的基本原则。

一、铁路国有的原则

铁路国有是任何一项改革动议、措施都应遵循的价值前提，这决定了改革的性质和方向。追溯历史更替的脚步，铁路产生于近代工业革命的浪潮，从第一条不依靠外国技术、资金，完全由中国人自行设计、建设和营运的京张铁路，到近代在风起云涌的大革命浪潮中掀起的各类“保路运动”，为奉行铁路国有，收归路权的政策主张所进行的抗争，再到新中国成立后，所有修建的铁路都在国家绝对的领导和控制下，铁路的国有属性始终是需要一以贯之深化坚持的基本原则，并不会因铁路客货运输、多种经营等竞争性环节走向市场化，或在铁路企业推行股份制改革、公司制改造，在投融资领域引入民营资本而受到影响或削弱。

我国铁路恪守铁路国有原则的原因，主要基于以下几方面：首先，我国在经济领域实行的是以公有制为主体，多种所有制经济共同发展的基本经济制度，铁路作为国民经济大动脉和国家重要基础设施，必须坚持公有制、国有化的基本属性。其次，从我国的地域状况看，国土面积大、幅员辽阔，拥有很长的战略纵深，铁路作为陆上的主要交通工具，长距离铁路线往往要跨越多个省份，甚至是纵贯东西或南北，沿途要经过复杂的地理条件，铁路路网的有效调度指挥至关重要，这也同样有赖于国家层面的统一调配。再次，从铁路投资的主体看，国家作为铁路企业的出资人，通过对资本的有效管理保持实质性领导权，使铁路成为实现国家意志，服务国家战略，保卫国家安全的重要工具。最后，从域外各国铁路的归属看，即便是私有化程度最高的美国，一些主干、核心的铁路也都在国家的实际控制下，国家也要对铁路所承担的公益运输服务，以及满足特定战略需要的线路进行补偿和补贴。像英国、德国等在短暂实行民营化改革后，也选择了重新将铁路收归国有。这都说明铁路国有作为一项基本原则的极端重要性，也表明只有坚持铁路国有的基本方向，才能最大限度发挥铁路的正向效益，更加充分地展现铁路的战略价值。

二、先行先试的原则

铁路行业治理结构的建设和优化是铁路全系统改革的重要组成部分，是一项充满风险和未知，具有开创意义和探索精神的改革事业，先前并无太多惯例和经验可以借鉴。考虑到铁路行业属性复杂，利益关联性强，涉及群体和从业人员庞大，历史遗留问题多，类似民航、电力、电信等相关公用基础设施的改革经验，并不具有太强的借鉴意义，改革的难度可想而知。要在改革创新的实践中形塑新的体制机制，构建新的利益格局，确立新的职责分工，形成新的治理结构，就意味着要在实践中蹚出一条前所未有的新路，要在国家政策和法律允许的范围内大胆探索、先行先试，以改革首创精神开创铁路行业发展的新格局，并在实践中注意总结经验，努力形成可复制、可推广、可固化的模式和路径。

三、保持公益的原则

交通运输行业因其面向社会公众提供运输产品，普遍具有一定的公益性和正外部性，这在铁路行业中表现得尤其明显。其不仅作为铁路行业的固有属性而长期存在，政府还要专门建立保护铁路公益性的专项补贴机制，包括对公益运价的补偿，对因承担社会职责而使市场利润下降的税收优惠，以及相关的政策倾斜和特殊保护。这都是源于巩固铁路公共性，扩大铁路运输公益性，因此，在铁路行业治理结构的建设中，还要考虑设置专门的机构和职能，注重维护铁路行业的公益属性，以更好地服务国家战略，在抢险救灾、稳边富边、军事投放，促进区域经济发展和确保国防安全等方面，发挥更加积极的作用。

四、循序渐进的原则

铁路行业的深改无疑是一场漫长的马拉松长跑，也是一次触及利益和灵魂的艰难博弈。在全面深化改革中，容易推进的改革基本已完成，可以说现在好吃的肉已经没有了，遗留下的改革任务任何一项都是十足难啃的硬骨头，特别是涉及国家战略和经济社会发展的重要领域与关键行业，本身就具有极为特殊和重要的战略位置，又有长期受计划经济体制和“政企合一”模式影响所遗留的顽疾陋习，又进一步加剧了改革的难度。铁路行业被公认为是受计划经济体制影响最深、色彩最浓的自然垄断行业，“行业办社会”的现象非常突出，行业自身的封闭性强、流动性差，各项生产经营活动无须直接面向市场，没有被市场竞争淘汰的压力，铁路的经营绩效又有国家兜底，造成铁路行业“吃大锅饭”“搭便车”的现象大行其道，缺乏危机感和造血机制，不具备独立参与市场竞争的能力。在改革的推进和实施中，要做到科学谋划、突出重点，秉持尽可能降低改革震荡、减少成本代价的基本原则，按照“以存量换增量”的总体思路，先从那些相对容易改、阻力小、见效快的环节改起，通过试点逐步积累经验、探索模式。例如，在投融资领域，就可优先整合某些优质线路和运输资产，组建专业化的铁路公司吸纳社会资本①，或适时推动企业上市，在社会范围内筹集资金，改善铁路投融资状况，拓宽发展空间；先期可考虑将经营前景好、利润空间大、执行阻碍少的合作项目交由社会资本控股，展现投资铁路良好的经营效益和示范效应，提振投资者的信心，吸引更多力量积极加入，形成多元主体主动参与、共建共享的格局。因此，这种循序渐进的改革模式不仅契合我国国情，符合铁路行业发展的一般规律，也在域外多国的改革中被普遍采用，像俄罗斯的铁路改革，前后历经十几年的历程，分“三步走”，以最大限度消减改革震荡，减少改革成本的付出，为铁路和其他产业的发展提供稳定的政策保障和持续的资金投入。

---

① 参见李红昌：《关于我国铁路改革与发展路径选择的若干思考》，《铁道经济研究》2015 年第 8 期。

第六章　新时代重构中国铁路行业治理结构的价值意蕴

铁路行业治理结构的建构、优化与完善，绝非旦夕之功，必须久久为功。建构适合时代要求，体现中国特色，符合铁路行业运行规律，彰显科学合理可持续发展理念的治理结构及其运作体系，需要几代人的接续努力；从治理结构内在建设看，作为一项规模体系宏大、涉及主体多元、内在联系紧密的系统工程，需要保持坚定的耐心定力，遵循客观的评判标准，恪守对应的从业准则，确保新时代铁路行业治理结构的逻辑起点准确，价值导向明确，前行方向正确。

第一节　衡量铁路行业治理效能的价值维度

根据国家治理现代化的理论，一个国家具有多种面向与性质，但最基本的在于其道德性、法律性与社会性。按照此标准，基本的价值面向体现在：党政善治、行业自治、厉行法治和多元共治的“四位一体”，涉及对铁路行业治理结构性质和内涵的把握，内含着对不同行为主体的规范和制约。

一、党政善治是铁路行业治理结构的价值取向

善治不仅是国家治理、社会治理的基本价值准则，也是铁路行业治理的首要价值取向，体现了行业治理所致力达成的状态是以“善”的要素和要求为语境的。铁路行业要达成善治的目标，关键是执政党与政府这两大核心主体要做到权责一致、高效协同、默契配合，在党的全面领导下推动政府职能转变，规范双方的履职行为。

党政善治体现的是执政党与政府两者关系的一种良性状态。坚持党的领导既是最基本的政治前提，也是政企关系调整的主命题。① 在完善党政关系的进程中，确立了党“总揽全局，协调各方”的总体原则，明确了党的领导的主要方式体现在：政治领导、思想领导和组织领导，在党的领导、人民当家作主和依法治国的结合中，党政关系逐步趋向民主化、制度化和理性化。② 随着全面加强党的领导向纵深推进，在国有企业改革的进程中，甚至出现了一定程度的“党进政退”趋势，特别是像铁路这类有自然垄断属性，国有性突出，且以往长期在国家严密控制和管制下的特殊行业，党在行业改革中的实际领导权被反复提及，并相继出台了“党委会的讨论要作为重大事项研究和重要决策的前置程序”“党政领导与企业领导施行双向进入、交叉任职”等规定。就铁路行业而言，党的领导既是首要的基本原则，也是中国铁路行业最大的制度优势，要将其贯穿到铁路改革发展的各个领域、各个环节，并在行业治理结构的生成中予以明确。党委会作为国有企业“老三会”中的核心机构，不仅要强化自身建设和职能发挥，还要在“新三会”的形成和完善中承担引导、教育、管理和保障的职责，使各级党组织的力量充盈在铁路行业的公司治理结构中，在党的领导下，形成自上而下、体

① 参见刘宇、方雷：《政企分开后我国铁路行业改革的困境与出路》，《改革》2018 年第 7 期。
② 参见兰旸：《新中国以来国家治理结构研究》，中共中央党校博士学位论文，2016 年。

系完整、功能健全、协同配合的治理体系和行业治理结构。在充分体现党的全面领导力的同时，政府的职能发挥至关重要，政府要面临职能转变、权限收缩、权力下放的自我革命，但国家对铁路的专项补贴、资金补助、政策倾斜、法律保障等一系列的职能实现，包括规范国家与铁路发展的关系，以及全面深化党对铁路行业的绝对领导，这一系列的重大事项要由政府来具体负责并保障实施，这都有赖于政府的作用发挥，体现政府作为推动国家实现善治的底层力量。当下，党政在铁路行业的改革实践中以结构和机制为保障，谋求力量统合、资源聚合、机制联合，既是推进铁路行业走向善治的正途，也是符合我国国情和治国理政需要的明智之举。

二、行业自治是铁路行业治理结构的内在要求

行业自治的过程较多地运用非正式制度安排，行业协会在参与制定国家政策的同时，也在不断完善自身的自治规范，并据此对成员的资质、行为进行规范和监督，从而实现行业范围内的一种"组织化的私序"[①]。行业自治的效力体现在行业协会强大的"立法"功能，即围绕提升行业组织的自律性而制定的行规。[②] 行业协会的自治规范并不局限于对其内部成员有约束，还具有一定程度的公共性，能够在一定范围内有效调整会员的权利义务关系。[③] 从该角度看，行业自治便具有了一定的公共治理属性，在社会治理中能够补充或部分代替政府治理的功效，实现会员与政府的互动。行业协会作为一个利益代表系统和一类组织化的秩序，还可通过自我管理、自我服务的方式维护不同群体的多元利益诉求，并通过行业的组织方式去影响和监督国家干预的决策过程，借由与国家合作的程序进入被高度组织

---

① 参见汪莉：《论行业自治的合法性》，《理论学刊》2012 年第 11 期。

② 参见[美]哈罗德·J. 伯尔曼：《法律与革命：西方法律传统的形成》，贺卫方译，中国大百科全书出版社 1993 年版，第 473—474 页。

③ 参见陈承堂：《论行业自律》，《江苏警官学院学报》2006 年第 1 期。

化、制度化的国家体制内，实现对社会的有效整合。

由于我国铁路行业长期接受国家的统一管理和高度管制，从铁路基础设施建设、客货运输调度，到铁路生产运营，相关设备的购置、使用、养护、更新等各个环节，基本被纳入国家行政力量的控制范围内，行业自治的发展传统比较薄弱，发挥作用的空间也比较有限。在目前既有的铁路行业协会中，比较有代表性的有中国地方铁路协会、中国铁道工程建设协会、中国铁道学会等，性质上属行业性民间组织，但都一定程度上受到铁路行业主管部门的领导，有的给予一定的资金支持、政策扶持。多数协会主要领导的选定要经过上级行政主管部门的认可，甚至是直接任命，造成行业组织的官僚化、行政化色彩突出，自主性、独立性受到削弱，不能充分表达行业自身的诉求和愿望，作用发挥不理想。客观说，在以往“政企合一”的模式下，铁路基本不存在国家控制之外，能够超脱行政力量干预的自主空间，自然也不需要行业协会发挥多大作用，但政企分开后，客观上就要求政府必然从一些领域退出，需要企业或行业组织及时跟进，填补在政企职能转换中产生的责任真空，为行业组织的成长和自治实践提供了必要性。在铁路行业的自治中，很重要的一点是注重遵守职业伦理，尊重行业规律，以法律和制度的形式科学调处多元主体关系，完善行业内部的激励约束机制，对协会会员实施更积极的正面激励，从而更加紧密地维护行业协会内部形成的“关系型契约”，为推动铁路行业的纵深发展提供智力支持。

从铁路行业治理结构建构与运行的角度看，行业协会是行业自治的功能承载者和行为主体，是多元治理主体中的重要一环，在治理结构的序列中居于政府、铁路行业主管部门、铁路企业等主体所形成的闭环结构内部。保持身份上的必要独立性是保证行业自治在价值取向上客观中立的需要，与政府、市场和铁路行业的主管部门之间，既有关注对象和服务主体的内在关联，又有必要的区隔与边界。在反馈机制上，行业组织保持开放开源、兼收并蓄的状态，治理结构中的任一主体都可能会对行业组织的自治行为产生影响，行业协会通过组织化的行动，在行业管理、信息交流、业务培训、咨询服务等方面开展工作，特别是一些附带产学研功能的行业组织，还要通过调查研究和周密论证，为相关实务部门决策提供第一手资料，所形成的咨询报告、研究方案是重要的参考依据，这类具有专业属性的职能，只有依托独立性的行业机构，借助行业自治的方式来达成。因此，行业自治是铁路行业治理结构建设发展的内在要求。

三、厉行法治是铁路行业治理结构的制度保障

法治是治国理政的基本方式，是实现国家、政党、社会治理，推进行业善治的价值依归。在价值取向上，法治关注规则至上、程序优先、法律面前人人平等，保护权利、制约权力。在全面依法治国的大背景下，凡属重大改革必须于法有据，需要修改法律的可以先立后破；有的重大改革举措，需要得到法律授权的，也要按法律程序进行，要在整个改革过程中，都高度重视运用法治思维和法治方式，充分发挥法治的引领和推动作用[①]，确保重大行业的改革始终在法治轨道上推进。铁路行业的改革显然属于这类重大的改革序列，改革的复杂性、艰巨性和异质性都很突出，可以预见的是，在此过程中也必定会遭遇来自既得利益团体的反对和抵制，如果没有以国家意志和法治力量来保障实施，改革措施很难真正落地。

法治如同善治，是一个需要不断积累与发展的过程，法治的内涵和精神体现在：崇尚法律至上，加强权力制衡和持续发展民主，把法治的原则、理念和精神有机融入建设法治国家、法治政府、法治政党和法治社会的各个环节。良法善治就是铁路行业治理所要追求的终极状态，良法即厉行法

① 参见周叶中、庞远福：《论法治与改革之关系的演进及其未来面向》，《江汉论坛》2015年第9期。

治的具体要求，体现在立法、执法和司法中，其中立法重点强调要形成与铁路行业改革发展的目标任务和情势相适应的现代铁路法律体系；以修改和完善《中华人民共和国铁路法》为牵引，联动建设包括铁路运输服务、基础建设、投融资、生产运营、设备维护、安全监管等方面的主干法规，完善配套政策，并着重增强法规间的协同性和联动性。另外，近年来高铁事业蓬勃发展，主要依靠的是国家政策的重点倾斜，但若要保障高铁发展的持久性和连续性，法律层面的规制和确认不可或缺，直接关系相关改革政策的稳定性和延续性。在针对铁路法规的立、改、废、释等重点环节中，要特别考虑铁路发展的现实需要，特别是就高铁在法律规定上的空白状态，应予以重点考虑，通过制定专项法规，或在《中华人民共和国铁路法》中以专章的方式逐一作出明确规定，体现国家对推动和支持铁路发展的鲜明意志，并以法的权威性和约束力规范多元治理主体的关系，确立新的权责分配机制，从而为我国铁路的转型发展提供坚强的法律保障和制度基础。

四、多元共治是铁路行业治理结构的运行机制

多元主义理论认为，“权力的分布是分散的，非单一集团所能控制，各利益团体都是社会政治行动的基本单位”①。共治强调的是在铁路行业治理中对多元主体共同参与，分享治权的“社会性”的体认。在现代化的语境下，民主是治理领域的高频关键词，共治则是在民主的基础上，将各方主体的参与不再限于政治领域，而是有机拓展到社会行政领域，从而努力实现现代意义上的治理，这种治理形态更接近于“多元治理”“共同治理”，区别于传统的管理、管制等概念。治理对多元利益主体之间的伙伴关系建立非常倚重，这种关系的形成有赖于政府、市场、社会、民众等利益相关者在互

---

① 屠世超：《契约视角下的行业自治研究：基于政府与市场关系的展开》，经济科学出版社2011年版，第25页。

利互信、目标清晰、责任明确的基础上达到共管和共治的效果。

当前，铁路行业在转型发展中产生的各类矛盾冲突，其中以既得利益主体的结构调整等问题表现最突出，治理机构变革使基于官僚权威的行政方式向依法行政和公民广泛参与的方向转变，建立在法治基础上的多元主体共同治理已成为深化铁路改革的必然。在铁路行业治理的框架和谱系中，多元共治的意义重大，体现在它有意识地对多元主体和利益相关者进行力量聚合和利益整合，并通过有效的制度安排、高效的运行机制和统一的法治保障，实现多元主体的共同治理、共同参与、共担风险。这既是发扬民主，提升决策科学性的必然要求，也有利于弥补政府、市场失灵，职能履行不到位的缺陷，对行政力量、市场力量、社会力量和民间参与力量实现有机制衡，特别是在政府、市场和社会三重治理主体的参与意愿高涨，参与能力不断提升的背景下，以往由政府或市场主导的一元治理模式已不能满足铁路改革发展的需要。正如美国学者埃莉诺·奥斯特罗姆所指出的，“在多层级系统内，除非适当的自治权被授予每一级，负责多中心体制的优点将不能被充分实现”①。以“对话、竞争、妥协、合作和集体行动”作为五个核心机制的多元共治，能够有效协调多元主体间的利益冲突，缓和冲突、消释矛盾、凝聚共识，为解决铁路行业多元主体的协同联动提供行动平台和机制保障。

第二节　完善铁路行业治理结构的现实意义

铁路既是国家重大基础设施和促进经济社会发展的交通大动脉，也是服务国家重大战略的关键保障，对于推进中国式现代化，实现高质量发展

① [美]埃莉诺·奥斯特诺姆等：《制度激励与可持续发展：基础设施政策透视》，毛寿龙译，上海三联书店 2000 年版，第 234 页。

具有不可替代的时代价值。铁路行业深度嵌入国计民生，其在国家建设和区域发展中具有基础性、战略性的地位作用，使得政策调控对于铁路行业治理的影响效果显著，这就内在赋予了完善铁路行业治理，推进铁路行业善治更强的现实主义色彩，必须时刻保持对现实问题的高度敏感，有效回应各方的改革呼声，始终将铁路行业治理置于完善国家综合交通运输体系中，从推动中国铁路高质量发展的目标约束视角下统筹考虑、前瞻谋划、压茬推进。

一、回应全社会改革呼声的制度安排

2013 年铁道部启动以推进“政企分开”为核心的大部制改革后，我国在组织建制层面实行的是一种“总公司”制的组织架构和管理模式，即组建全国性的铁路运输公司，在各地下设分公司，由此形成了中国铁路总公司下属 18 个地方铁路集团公司，集团公司再按照“机车工电辆”的专业属性设置对应站段，这些站段是具体的生产单元，接受上级下达的生产、财务指标及考核任务。这种“三级”组织结构产生了多重委托—代理关系，仍然维持了行政隶属的上下级关系。在取消铁道部后，中国铁路总公司虽然以国有独资公司的形式出现，也进行了一定形式的公司制改造，但无论是中国铁路总公司，还是转制后的地方铁路集团公司，都不是完整、独立的市场主体，地方铁路集团公司依然没有财务自主权，所获得的收入还是来自中国铁路总公司清算后的二次分配，造成各站段、车站的工作绩效难以计量和考核，公司法人治理结构尚未建构完成；现代公司制度尚未真正确立，地方铁路局改制为集团公司后的效果有待进一步观察，由改革推动的政企分开也仅停留在容易实现的较低层次，更像是一次“形式改革”。

作为推进铁路政企分开的重要组织实体，中国铁路总公司是统领全国铁路建设、运营和业务管理的部门，相比交通运输部和国家铁路局所承担的“行政管理和安全监管职能”，中国铁路总公司具有更明显的在位者优势，是最有条件在“后铁道部时代”形成垄断的行业管理机构。政企分开前，铁道部与地方铁路局之间是依照行政力量的强弱而形成的行政隶属关系，并不存在正常的市场交易关系；地方铁路局整体转制为地方铁路集团公司后，旨在形式上去行政化，强化企业属性和市场属性，有利于矫正企业身份，厘清政企职能，但这还仅限于政策设计上的预想，必须有与之相适应的行业治理结构作为实现平台和机制保障，以适应政企分开的现实要求。

当下，铁路行业的发展恰处在新旧机制转换和改革动力交替的重要节点，围绕铁路行业改革的走向，社会高度关注、期盼已久。根据前期国内相关智库和咨询公司的数据：94.6%的民众认为铁路改革势在必行，92.3%的受访者认为改革的关键在于真正落实政企分开[①]；微信、微博、新闻类App(应用程序)、“12306”铁路客服热线等自媒体平台也都成为热议改革、建言献策的舆论场。中央层面的顶层设计，政企分开的政策昭示，现实问题的倒逼，以及来自全社会强烈的改革呼声，这四种力量的有机统合形成了推进铁路深改，完善铁路行业治理结构的动力机制。

二、适应建设现代化国家综合交通运输体系的内在要求

自20世纪90年代中期以来，中国政府开始加大对交通基础设施的投资力度并收到了明显成效，但总体看，中国的运输化仍处于需要迅速提升运输能力的发展阶段，运输网络的密度和运营水平不高，运输企业职能不清晰，管理体制落后，运输管理不到位，法治建设不完善的问题表现还很突出，这些问题表征直接影响了国家综合交通运输体系的整体效能的发挥。近年来，伴随公路和民航的快速发展，铁路的比较优势趋于弱化，面临其他

① 参见《改革开放四十年：与时代腾飞的铁路梦》，2018年8月27日，http://news.gaotie.cn/pinglun/2018-08-27/473679.html。

几种运输方式的激烈冲击，市场份额不断降低，而其根源就在于缺乏行之有效的综合性交通运输政策和统一高效的交通运输管理机构。[①] 铁路由于单独受铁道部指挥管理，长期游离于国家综合交通运输体系之外，并未与其他运输方式形成有机的紧密联系，加之各运输方式相对独立，各自奉行一套管理机制和组织结构，因管理体制的条块分割所引发的部门分割和利益分割现象严重。从国外改革的经验看，统一的综合性主管机构是否成立，在管理和协调的效果上大不一样，综合运输管理机构的设立为交通运输方式的协调联动提供了相对合理的博弈平台，能够最大限度减少多头管理、相互掣肘，带来社会资源集约使用和整体运输效率的提高，这是优化国家综合交通运输体系的最大收益。

2013 年铁路改革决定将拟订铁路发展规划和政策的行政职责划入交通运输部，履行安全监管和质量保障职责的国家铁路局也纳入交通运输部管理，进一步明确了铁路行政职能的归属。这意味着在铁路系统实现政企分开后，要统一接受交通运输部的管理，将铁路纳入综合交通运输体系的趋势非常明显，从根本上改变了铁道部时期一家独大，垄断行业发展资源的局面。由此，交通运输部开始成为影响铁路行业改革发展的重要行政部门，为打破行业壁垒，推动铁路与其他运输方式的交流融通和立体化交通运输网络的形成，奠定了重要基础。正是有此调整的背景，通过机构重组、体系重构和职能重赋，稳步推进铁路行业治理，构建现代化、制度化的铁路行业治理结构，成为完善国家综合交通运输体系的必然要求。

三、推动我国高铁事业高质量发展的必由之路

高铁是承载人才流、物质流、资金流、技术流的现代化新型交通运输工

① 在 2008 年 5 月交通运输部正式成立前，中国与印度是当时世界上少有的按运输方式设立交通主管部门的国家，在职能部门的设置上就存在明显的割裂、分置与对抗的趋势。

具。近年来,我国的高铁作为国家战略新兴产业,保持着迅猛的发展势头,表现在:高铁路网格局日益完善,技术标准不断提高,创新成果持续出现,运营模式自成一体。高速铁路的发展很好地适应了我国处在经济社会持续快速发展期,铁路瓶颈制约矛盾突出的需要。从更广泛的视角看,高铁的发展早已不单是一种区域经济现象,还是一种颇受关注的社会现象,高铁已从单纯的交通运输方式中超脱出来,成为串联区域经济的纽带和推进区域空间重构的技术发展平台。

高铁作为大规模、大投资的国家重大交通基础设施,对我国经济持续稳定增长及提振区域经济发展的作用显著,其所承载的价值不仅体现在促进国民经济持续健康发展这一层面,在加速区域经济发展,优化产业结构,提升城镇化发展水平等方面的作用同样非常突出。高铁的建设还深度影响了城市空间结构的转型升级,二者呈现出紧密式的耦合关系,表现在高铁促使城市空间由“核心—边缘”的封闭模式逐渐向“多核—扁平”的均衡模式转变。①

高铁快速发展所形成的产业优势也在积极对外彰显。近年来,在习近平总书记提出的“人类文明倡议”“人类发展倡议”“人类安全倡议”的引领下,特别是推动构建“人类命运共同体”已被世界上越来越多的国家认同和接受。依托“一带一路”“APEC(亚太经济合作组织)”“G20”“上海合作组织”“金砖国家”等多边合作机制,中国高铁“走出去”的步伐不断加快,“出海”在国外落地的项目越来越多,其中的标志性成果如中老铁路,连接中国与老挝的铁路,已于 2021 年 12 月 3 日通车运营,实现了老挝从“陆锁国”到“陆联国”的转变,还积极探索了“中老铁路+中欧班列”等国际运输新模式,将老挝、泰国等国家至欧洲的铁路直达运输时间缩短至 15 天,进一步

① 参见张国华、周乐、黄坤鹏、王有为:《高速交通网络构建下的城镇空间结构发展趋势:从“中心节点”到“门户节点”》,《城市规划学刊》2011 年第 3 期。

促进了沿线国家的经贸发展。数据统计显示，截至 2024 年 3 月，中老铁路累计发送旅客达到 3020 万人次，发送货物 3424 万吨，其中跨境货物超过 780 万吨。[①] 还有雅万高铁，这既是中国高铁全系统、全要素、全产业链在海外落地的首次尝试，也是东南亚首条高铁，开通后雅加达至万隆的运行时间从 3 个多小时压缩至 40 分钟，为当地民众提供了安全绿色、高效舒适的出行方式。该线路自 2023 年 10 月正式开通运营后，截至 2024 年 3 月，累计发送旅客已突破 200 万人次，旅客上座率最高达 99.6%。

匈塞铁路是连接匈牙利首都布达佩斯和塞尔维亚首都贝尔格莱德的铁路，是中国高铁技术和装备进入欧洲的第一单；马来西亚东海岸铁路项目，这是中马两国共建“一带一路”的标志性项目，标志着中国高铁在东南亚地区的全面扩展；还有即将建设的莫斯科—喀山高铁，全长 770 公里，运行时速将有望达到 400 公里。这些项目的开通运营和成功落地，有力证明了中国高铁的运营规范度、安全系数和技术成熟性受到很多国家的信赖与追捧，也有国外媒体和专家将中国高铁誉为当代中国向世界输出的一大重要贡献。

中国高铁蓬勃发展的事实证明：高铁不但可以促进沿线区域经济总量的增长，推动相关产业结构升级，还能产生积极的产业集聚效应，为区域经济结构的优化调整提供丰富的要素。[②] 高铁所产生的时空收缩机制和对相关产业的支撑作用，以及对沿线区域经济的提振和带动效应，构筑起中国高铁全新的发展格局。要延续这种良好的发展势头，深度释放高铁的综合效能，需对科学合理的发展模式及时进行总结，并以组织化、制度化的方式加以呈现，强化铁路行业治理结构提供底层支持和发挥机制保障作用。

① 参见《国际“黄金大通道”作用凸显　中老铁路客货两旺》，2024 年 3 月 18 日，https://www.gov.cn/yaowen/liebiao/202403/content_6939869.htm。

② 参见荣朝和：《一部将经济时空具象化的高速铁路专著：评〈高速铁路与经济社会发展新格局〉》，《铁道经济研究》2017 年第 4 期。

第三节　推动铁路行业迈向善治的趋势展望

回顾过往中国铁路走过的不平凡历程，充分证明了在党的全面领导下，通过党建引领，发挥中国特色社会主义制度的独有优势，对于支撑、保障和助力中国铁路发展所展现的实践伟力。党的二十大报告明确了党在新时代新征程的中心任务，那就是团结带领全国各族人民全面建成社会主义现代化强国、实现第二个百年奋斗目标，以中国式现代化全面推进中华民族伟大复兴。展望机遇与挑战并存、梦想与光荣同在的新征程，立足铁路在党和国家事业发展全局和战略布局中的重要定位，着眼中国铁路以深化改革和推进善治为目标靶向的高质量发展之路，需要着力抓好战略规划、力量集成、科技创新的有机协同，进一步深化改革、加大开放，让中国铁路在全方位、深层次、国际化的竞争中经风雨、见世面、长本领，从而充分释放铁路之于实现中国式现代化，发展新质生产力，推促高质量发展等的强劲动力。

一、注重发挥战略规划引领作用

战略，简言之就是，在面临关键阶段的重大抉择时，如何做正确的事以及正确地做事。[①] 过往的实践一再证明，制定科学的战略规划是助力中国铁路跨越式发展的重要引擎，未来同样需要具有前瞻性、预见性、适用性的战略规划为中国铁路发展提供清晰方向和进阶目标。比如，《新时代交通强国铁路先行规划纲要》就擘画了2035—2050年的发展愿景，提出到2035年全国铁路网运营里程将达到20万公里左右，高铁7万公里左右，实现20万人口以上城市线路覆盖，50万人口以上城市高铁通达；到2050年，全面

① 参见王志纲：《王志纲论战略：关键阶段的重大抉择》，机械工业出版社2022年版。

建成更高水平的现代化铁路强国[①],并对加快城际及市域铁路建设,构建广覆盖、一体化的快速轨道交通网络,推动绿色科技在铁路行业的应用,加快建设智能铁路,提升铁路运输的安全性和应急救援能力,构建一体化的铁路突发事件应急处置体系等重点领域,都作出了谋划和部署。从过去的经验看,规划确定的目标多数会提前实现,并超额完成具体指标,实现整体性的发展跃升。另外,《中长期铁路网规划》作为中国铁路发展的纲领性文件,明确了铁路行业未来一段时期的发展目标,包括构建现代综合交通运输体系,推动铁路继续深化投融资体制改革,培育壮大高铁经济,强化人才科技支撑,深化铁路企业改革,化解铁路债务,实现更深层次、更有质量的政企分开;构建"八纵八横"高速铁路主通道,扩大中西部路网覆盖,优化铁路客、货运枢纽布局,形成系统配套、一体便捷、站城融合的现代化综合交通枢纽等目标。这些重要的战略规划,对于实现铁路行业治理体系和治理能力现代化,全面提升服务保障、安全运营水平,促进区域协调发展等具有决定性作用,也是中国铁路在深化改革中需要紧紧抓好的重要抓手。

二、主动服务高质量发展战略

发展是党执政兴国的第一要务。党的二十大报告指出,高质量发展是全面建设社会主义现代化国家的首要任务。高质量发展作为重大国家战略,是中国铁路向更高水平迈进必须达成的奋斗目标,需以高质量发展为主题,率先实现铁路现代化,展现在服务和支撑中国式现代化进程中的担当作为。铁路现代化可从几个方面理解。一是铁路基础设施的现代化,在铁路营业里程突破 15 万公里,高铁里程超过 4 万公里的重要节点基础上,主动对标"交通强国"建设目标,以阶段性任务的渐次达成确定时间表和路

① 参见《新时代交通强国铁路先行规划纲要出台》,2020 年 8 月 13 日,http://www.xinhuanet.com/politics/2020-08/13/c_1126361602.htm。

线图,加快形成规模合理、层次清晰、布局合理的现代化铁路网。二是铁路运输服务的现代化,使铁路运输服务供给做到"走得好""运得畅",让旅客货主"乐在途中",打造"人享其行""物畅其流"的服务生态圈。[①] 三是铁路治理能力的现代化,统筹好发展和安全两件大事,全面构建人防、物防、技防"三位一体"的安全保障体系,充分发挥铁路节能环保低能耗的绿色优势,担负起构建绿色综合交通运输体系的骨干力量,构建起与其他运输方式高效融合的大运输、大物流、大流通格局。

三、持续加大自主创新力度

技术进步与创新是中国铁路提质增效的应有之义,保持必要的独立性和自主性是加快发展的战略基点。尽管我国铁路总体技术水平已迈入世界先进行列,目前正在加速发展新一代更高速度,更加安全,更为环保、节能和智能化的"复兴号"动车组,但在科技创新这条竞争白热化的赛道上,容不得丝毫的松懈、观望和迟疑,尤其当前正处在第四次技术革命的前夜,人工智能、大数据、云计算、物联网、量子科技、新能源等各类新技术方兴未艾。未来中国铁路的自主创新可考虑从以下方向着力。

一是加大行业基础研究。继续加强基础理论研究和应用基础研究,注重关键共性技术、前沿引领技术、现代工程技术创新,聚焦芯片、基础材料、基础零部件等关键核心技术短板,通过有组织的集智攻关,力争完成以点带面的重要突破。

二是发展智能铁路技术。推动智能铁路技术全面突破,包括北斗卫星导航、5G、人工智能(AI)、大数据、物联网、云计算、区块链等前沿技术与铁路技术的深度融合,构建智能铁路技术体系架构 2.0 版本。在此方面,"人

① 参见张娜、李红红:《人民来论:推动中国铁路高质量发展》,2023 年 7 月 7 日,http://opinion.people.com.cn/n1/2023/0707/c431649-40030166.html。

工智能＋铁路”“大数据＋铁路”已成技术演进的必然趋势，具有丰富的应用场景和广阔的适用空间，比如，“人工智能＋铁路维护监测”，人工智能可通过传感器网络收集数据，开展预测性维护，通过提供车况信息并对可能出现的危险情况发出警报，及时预警潜在故障，提高列车安全性和运行效率；再如，“人工智能＋行车调度”，CyberRail 系统通过集成多种 IT 技术，可提供实时的多式联运乘客信息服务，并使铁路在列车计划和控制方面变得更灵活；还如，“人工智能＋智能安防”“人工智能＋数据分析”“人工智能＋故障图像识别”，目前华为提供的智能铁路 TFDS（货车运行故障动态图像检测系统）解决方案，可有效识别多种车型的故障，关键故障无漏报，智能筛除 95％以上无故障图像，大幅提升作业效率。①

三是推广绿色低碳技术。铁路既作为国家综合交通运输体系的主干，又是影响经济社会发展的大动脉，在贯彻落实国家碳达峰碳中和战略部署中需要当好先行者和主力军，通过加强生态环保与修复技术研发，提升污染综合防治技术水平，进一步降低铁路运行能耗，打造更高水平的绿色生态铁路，为节能降碳减耗作出应有贡献。

四是完善创新体系建设。创新需要宽松、包容、自由的环境作为支撑，在环境建设和氛围营造方面，目前尚有短板，亟待以完善体制机制为切入点，加强平台建设，厚植人才基础，优化发展环境，以营造良好的创新生态环境，推动铁路科技赋能的持续进步。

四、进一步全面深化改革开放

改革不仅是一场深层次的治理革命，也是驱动中国铁路持续迈向高质量发展的“金钥匙”。中国共产党第二十届中央委员会第三次全体会议审

① 参见《5G＋云＋AI，以中国速度绘就全球智能铁路“中国范本”》，2023 年 12 月 21 日，https://new.qq.com/rain/a/20231221A08UQ900。

议通过的《中共中央关于进一步全面深化改革　推进中国式现代化的决定》中就明确提出推进能源、铁路、电信、水利、公用事业等行业自然垄断环节独立运营和竞争性环节市场化改革，为针对性做好铁路行业的重大改革明确了总体要求与目标方向。为此，借助国家进一步全面深化改革的重大发展机遇，铁路系统需要充分发挥行业优势，自我加压，向政策要支持，向改革要动能，凸显改革的增益效应。在纵深实施行业改革的重点上，一方面，持续以改革破除樊篱，增强内生动力，首要的是深化铁路政企分开，不断完善政府职能转变，推进简政放权，充分发挥市场在资源配置中的决定性作用，加快《铁路法》《铁路安全管理条例》等法规的修订完善，以法治化、制度化的方式，切实保障政府不越位缺位，让政府、市场、社会各归其位、各司其职，支持市场和社会的效能发挥。其中有两个重点领域，一是深化运输供给侧结构性改革，推动铁路货运向现代物流转型，强化“公转铁”“海铁联运”落实力度，加大实践中各层面的模式创新。二是推进投融资体制改革，开放铁路建设运营市场，理顺铁路运输价格体系，加快建立高标准市场体系，推动运输业务市场主体多元化和适度竞争，巩固现代企业制度和公司制改革成果，营造公平公正、政商亲清的营商环境。另一方面，要以更大决心、意志和气力坚定不移推动科技自立自强，作为支持中国铁路在国际市场核心竞争力的关键保障；着力加快“走出去”的步伐，深化铁路国际合作，提升国际联运质量效益；持续高质量共建“一带一路”，发挥好“中欧班列”作为“一带一路”合作机制旗舰项目的品牌效应，进一步拓宽亚欧陆路运输新通道，在提升运能、扩大运力、丰富运输货物品类，增强国际联运能力等方面展现更大作为；同时，以中国高铁“出海”推动“朋友圈”不断扩容，推动铁路基础设施互联互通走深走实。放眼未来，中国铁路必将继续向产业链价值链中高端迈进，成为铁路国际事务及规则制定的重要参与者和贡献者，不断拓展互利共赢的开放新空间。

结　语

作为开启新时代新征程全面深化改革序幕的一次标志性会议，党的二十届三中全会审议通过了《中共中央关于进一步全面深化改革　推进中国式现代化的决定》（以下简称《决定》）。《决定》深入分析了推进中国式现代化面临的新情况新问题，科学谋划了围绕中国式现代化进一步全面深化改革的总体部署，明确了进一步全面深化改革的总目标是：继续完善和发展中国特色社会主义制度，推进国家治理体系和治理能力现代化，其中提出“到二〇三五年，全面建成高水平社会主义市场经济体制，中国特色社会主义制度更加完善，基本实现国家治理体系和治理能力现代化，基本实现社会主义现代化，为到本世纪中叶全面建成社会主义现代化强国奠定坚实基础”，并作出了“到二〇二九年中华人民共和国成立八十周年时，完成本决定提出的改革任务”的刚性规划。① 这一总目标既同党的十八届三中全会提出的全面深化改革总目标一脉相承，又同党的二十大作出的战略部署相衔接，为进一步全面深化改革明确了目标导向。

《决定》一共15个部分开列60条，涉及300多项重要改革举措，对于进一步全面深化改革关涉的体制、机制、制度层面的内容作出了全新部署。

---

① 《中国共产党第二十届中央委员会第三次全体会议公报》，2024年7月18日，http://www.news.cn/politics/leaders/20240718/a41ada3016874e358d5064bba05eba98/c.html。

在结构上,《决定》分为总论、分论和“加强党对改革的领导、深化党的建设制度改革”等三大板块,在“分论”部分重点突出以经济体制改革为牵引,全面部署了各领域各方面的改革。这次全会是在党的二十大绘就党和国家事业发展宏伟蓝图后,围绕推进中国式现代化,建设社会主义现代化强国的重点领域、重大事项和关键环节,从进一步全面深化改革的角度,提出了具体的部署要求,明确了路线图、时间表,出台的《决定》既是党的十八届三中全会以来全面深化改革的实践续篇,也是新征程推进中国式现代化的时代新篇。

进一步全面深化改革,推进中国式现代化,自然离不开国家重大基础设施率先推进现代化,铁路在实现“交通强国”战略中居于开路者、先行者的角色,在深化改革、集智攻关方面必须走在前、当先锋,展现担当勇为、锐意进取、开拓创新的状态。当前和今后一个时期,铁路行业的政企分开将持续巩固,深化改革的条件日趋完备,配套资源更为充沛,需要锚定实现铁路行业治理体系和治理能力现代化的奋斗目标,以重构和完善铁路行业治理结构为主抓手和突破口,做好守正创新这篇大文章,通过铁路行业全领域、全周期、全链条的现代化,助推国家现代化交通运输体系早日形成,助力中国式现代化和强国建设、民族复兴目标达成。

参考文献

[1][美]戴维·奥斯本,特德·盖布勒:《改革政府:企业家精神如何改革着公营部门》,上海市政协编译组、东方编译所编译,上海译文出版社1996年版。

[2][美]默里·L. 韦登鲍姆:《全球市场中的企业与政府》,张兆安译,上海人民出版社、上海三联书店2002年版。

[3][美]理查德·雷恩:《政府与企业:比较视角下的美国政治经济体制》,何俊志译,复旦大学出版社2007年版。

[4][美]詹姆斯·N. 罗西瑙:《没有政府的治理》,张胜军、刘小林等译,江西人民出版社2001年版。

[5][美]罗伯特·罗茨:《新的治理》,社会科学文献出版社2000年版。

[6][英]杰西·洛佩兹、约翰·斯科特:《社会结构》,允春喜译,吉林人民出版社2007年版。

[7][澳]欧文·E. 休斯:《公共管理导论》,张成福、马子博等译,中国人民大学出版社2010年版。

[8][德]尤根·哈贝马斯:《公域的结构性变化》,童世骏、邓正来译,中央编译出版社2002年版。

[9][美]詹姆斯·M. 布坎南:《民主财政论》,穆怀朋译,商务印书馆

2002 年版。

[10][美]曼瑟尔·奥尔森:《集体行动的逻辑》,陈郁、郭宇峰、李崇新译,格致出版社 2011 年版。

[11][美]丹尼尔·F. 史普博:《管制与市场》,余晖、何帆、钱家骏等译,格致出版社 2008 年版。

[12][日]植草益:《微观规制经济学》,朱绍文等译,中国发展出版社 1992 年版。

[13][日]青木昌彦、奥野正宽编著:《经济体制的比较制度分析》,魏加宁等译,中国发展出版社 1999 年版。

[14][美]萨瓦斯:《民营化与公私部门的伙伴关系》,周志忍等译,中国人民大学出版社 2002 年版。

[15][英]安东尼·吉登斯:《第三条道路:社会民主主义的复兴》,郑戈译,北京大学出版社 2000 年版。

[16]John Maynard Keynes, *The General Theory of Employment, Interest, and Money*, New York: Harcourt, Brace, 1936.

[17] William W. Sharkey, *The Theory of Natural Monopoly*, Cambridge: Cambridge University Press, 1982.

[18]George Frederickson, *The Spirit of Public Administration*, San Francisco: Jossey-Bass Publishers, 1997.

[19]樊纲:《渐进改革的政治经济学分析》,三联书店 1994 年版。

[20]曾峻:《公共管理新论:体系、价值与工具》,人民出版社 2006 年版。

[21]荣朝和主编:《探究铁路经济问题(第二辑)》,经济科学出版社 2009 年版。

[22]吕峻:《新形势下政企关系分析》,经济管理出版社 2017 年版。

[23]于军:《铁路重组的理论与实践》,经济科学出版社 2003 年版。

[24]林毅夫、蔡昉、李周:《中国的奇迹:发展战略与经济改革》,人民出版社 1994 年版。

[25]李红昌:《铁路管制的契约分析》,经济科学出版社 2005 年版。

[26]荣朝和主编:《探究铁路经济问题》,经济科学出版社 2004 年版。

[27]左大杰:《铁路投融资体制研究》,中国发展出版社 2017 年版。

[28]左大杰:《铁路国家所有权政策研究》,中国发展出版社 2018 年版。

[29]俞可平:《增量民主与善治》,社会科学文献出版社 2005 年版。

[30]肖兴志:《铁路产业的自然垄断特征》,经济科学出版社 2004 年版。

[31]陈振明:《公共管理学:一种不同于传统行政的研究途径》,中国人民大学出版社 2003 年版。

[32]王东京:《市场经济中的政府角色位》,《时事报告》2002 年第 5 期。

[33]荣朝和、张梦龙:《铁路改革必须重视相应产权关系的重构》,《北京交通大学学报》(社会科学版)2012 年第 2 期。

[34]丁煌:《基层政府管理中的执行困境及其治理》,《东岳论丛》2015 年第 10 期。

[35]汤浒、赵坚:《考虑组织结构的委托—代理模型研究:以中国铁路运输业为例》,《中国工业经济》2015 年第 4 期。

[36]李泉:《治理理论的谱系与转型中国》,《复旦学报》(社会科学版)2012 年第 6 期。

[37]郁建兴、王诗宗:《治理理论的中国适用性》,《哲学研究》2010 年第 11 期。

[38]郁建兴:《治理与国家建构的张力》,《马克思主义与现实》2008 年

第 1 期。

[39]刘世锦:《中国铁路改革与重组模式:第三种选择》,《中国工业经济》2003 年第 3 期。

[40]夏小琳:《马克思从未提出"社会大工厂"模式:评吴敬琏社会主义模式论》,《管理学刊》2011 年第 5 期。

[41]吴强:《关于铁路实行政企分开的几个重大问题》,《中国铁路》2013 年第 5 期。

[42]廖汉鲁:《论我国铁路企业的公司化改造》,《江西社会科学》2001 年第 12 期。

[43]刘宇、方雷:《政企分开后我国铁路行业改革的困境与出路》,《改革》2018 年第 7 期。

[44]王俊豪:《论深化中国垄断行业改革的政策思路》,《中国行政管理》2009 年第 9 期。

[45]刘建丽、李先军:《中国铁路行业改革成效、现实问题及高质量发展思路》,《理论学刊》2020 年第 2 期。

[46]张梦龙:《基于公共物品属性视角的铁路改革结构特性研究》,北京交通大学博士学位论文,2014 年。

[47]杨砚峰:《我国铁路融资能力研究》,北京交通大学博士学位论文,2012 年。